日経平均トレーディング入門 全面改訂版

國宗利広［著］

指数としての特質と取引戦略

中央経済社

はじめに

ちょうど7年前の2015年,『日経平均トレーディング入門』を書き上げたときの日経平均は20,000円の大台を目指す展開でした。そのころの日経平均はちょうどホットなサイクルにあり,2020年の東京オリンピック・パラリンピックに向け史上最高値を上回る40,000円を目指すという意見もありました。

2020年の東京オリンピック・パラリンピックは新型コロナウイルス感染症拡大の影響を受け2021年に延期され,感染が広がった初期段階において日経平均は一時16,000円まで急落しました。しかしながら,各国で繰り広げられた未曽有のお金供給大作戦で,日経平均は比較的短期間に下げ分を回復し,その後も勢いは止まらずバブル後の高値をあっさり抜け,あれよあれよという間に30,000円の大台を回復しました。

まさに,「誰もが予想できる水準に,誰もが予想できない経路をたどって」たどり着いたといってもよい展開となりました。

また,2013年に始まった日銀による異次元金融緩和は,再任された黒田総裁のもとで10年近くに及びました。その間一貫して増額されてきたETF買いは,結局その有効性と持続性が疑問視され実質的には減額に向かいましたが,日経平均の需給はタイトになったまま放置されています。

「日経平均の値動きは一段とおかしくなった」

最近こう感じている投資家の方が多いのではないかと思います。もともと日経平均は癖のある指数でした。そんなことは十分わかってはいるものの,最近の値動きは一段とおかしくなっているようです。

投機家にとっては，おかしな動きをすること自体が悪いわけではありませんが，おかしな動きが続くことで参加する投資家が減り流動性が落ちてしまえば，投機家の参加者も減ってしまいます。

日経平均は，今その瀬戸際にいるのではないかと思います。

日経平均はもともと単純平均という計算方法でスタートしました。単純平均のメリットは採用銘柄の「値幅の値動き」が直接指数に影響を与えることです。指数が動いた要因が，個人投資家にとってとてもわかりやすかったのです。ところが，純粋な単純平均では，採用銘柄が変わったり増資や分割で株数が変わったりすると，指数の連続性に問題が出てきます。それをカバーするために，いろいろと改良が加えられてきました。

そもそも単純平均の指数を指標にすること自体無理がありますが，日経平均は度重なる計算方法の変更でこの無理筋を乗り越えてきました。これまで何回か日経平均に代わる指数を生み出そうという動きがあったものの，日経平均は根強いファンに支えられることでことごとく難局を乗りきりました。

ところが，生き残りの代償としてこれまで行ってきた改良が積み重なって，いつの間にか日経平均は何を表す指数かまったくわからないものになってしまいました。表面上指数の連続性だけは保たれていますが，改良前後で数字をただつなぎ合わせているだけといってもいい状態です。

指数の計算方法が当初の単純平均から大きく変わっているので，過去の日経平均と今の日経平均を比べてもほとんど意味はありません。それにもかかわらず，いまだにバブル崩壊前の39,000円レベルが史上最高値として意識されるのは，多くの人が覚えているから，という同調圧力から簡単には抜け出せないということだと思います。

本改訂版では，日経平均の終わりが始まった可能性を整理し，改めて日経平均をトレーディングすることについて考えてみたいと思います。

2022年３月

著　者

本書でいう「日経平均」は，指数または先物を指しています。指数の正式名称は「日経平均株価」で，日経225やNikkei225という略称で呼ばれることもあります。先物は「日経225先物」が正式名称で，日経平均先物と呼ばれることもあります。本書の解説上，日経300（日経株価指数300）と区別する必要がある場合は日経225を使用しています。

日経平均株価をはじめとした日経の各種経済指数は，日本経済新聞社が著作権など一切の知的財産権を保有しています。

最終的な投資のご判断はお客様ご自身でなさるようにお願いします。本書の情報等に起因して被ったいかなる損害についても，筆者および弊社は一切責任を負いません。

Contents

取引に関する特殊な用語（順不同）

用語	内　　容
ザラ場	寄り付きと大引けを除く日中の取引
順張り	相場が上昇したら買い，相場が下落したら売る
逆張り	相場が上昇したら売り，相場が下落したら買う
板	投資家の注文を価格順，時間順にコンピュータ上で集計したもの
SQ値	特別清算価格。日経平均の構成銘柄それぞれの寄り付き価格を使って計算する日経平均株価。先物とオプションの清算価格として使用する。
利食い	利益を確定して決済すること
損切り	損失を確定して決済すること
ティック	約定が成立した価格と数量を時系列に並べたもの
ナンピン	相場が思惑と反対に動いたときに，売買コストを改善するために追加の売買を行うこと
投げ	損失に堪えられずに買っていたものを安く売却すること
踏み	損失に堪えられずに売っていたものを高く買い戻すこと
クオンツ	金融工学を使った分析をするアナリストおよびトレーダー
建玉	未決済のまま保有している先物やオプションのポジション
値洗い	証拠金管理上のコストを日々の清算価格に変更すること

第1章
日経平均の基本

本章では，日経平均をトレーディングするうえで基本となる事項をざっと一通り説明します。次章以降で，テーマごとに掘り下げていきます。

第１節　日経平均の概要

225銘柄の単純平均

現在，日経平均（日経平均株価）のオーナーは日本経済新聞社です。日本経済新聞社が日経平均を商標登録しており，学者や専門家等の意見を取り入れたうえで銘柄選定および計算方法の変更を行います。

日経平均は日経225とも呼ばれるように，プライム市場（旧東証第１部）上場銘柄のうち取引が活発で流動性の高い225銘柄を選ぶという伝統的な縛りがあります。225銘柄である理由については公式な説明はありませんが，計算を始めた当初，流動性や業種のバランスを取って日本を代表する指数にするには幅広く225銘柄が必要だったのだと思います。

日経の冠が付く株価指数はほかにも，日経300（日経株価指数300），JPX日経400（JPX日経インデックス400），日経500平均（日経500種平均株価）などがありますが，**日経平均と略すことができるのは225銘柄からなる日経平均株価**だけです。日本経済新聞社にとって，日経平均は最も大切な指数なのです。

わかりやすさが最大の魅力

日経平均は，もともとは単純平均をベースにしていたこともあり，わかりやすさが最大の特徴で，日本経済とともに高度成長期を歩んできた親しみのある指数でした。１日の仕事を終えた後，自分の保有している株式が値上りしたかどうかを手っ取り早く知るうえで，ラジオやテレビのニュースで伝えられる日経平均は便利な存在だったのです。

日経平均は，日本というローカルな市場で静かに始まりました。やがて戦後復興が進み日本経済が驚異的な回復を見せるようになると，オイルマネーを中心とした外国人投資家の資金が日本株に流入するようになってきます。日経平均の存在は外国人投資家にも知られるようになり，国際化の波に徐々に飲み込まれていくのです。

栄枯盛衰

1980年代に入ると日経平均の構成銘柄全体をまとめて買う動きが広がり，同時に日経平均をベースにした取引のニーズが急速に高まっていきました。そうした動きが広がるにつれ，相対的に品薄な銘柄の上昇が目立つようになります。やがて日経平均の先物取引とオプション取引が始まり，レバレッジの効いた取引はバブルの最終コーナーに花をそえる立役者となりました。

1990年代に入りバブルが崩壊すると，今度は一転して品薄というだけで上昇した値嵩銘柄が日経平均の下落を加速させるという逆のエンジンとなっていきます。そうした銘柄は旧御三家や新御三家と呼ばれていましたが，著しく流動性の低い銘柄は日経平均から除外するというルールが加わったことで，業績とは関係なく構成銘柄から外されていきました。

バブルの崩壊により企業の新陳代謝が進む一方，次世代を担う企業も現れ始めました。225銘柄からなる指数を生きのいいものに入れ替えるには，大胆な入れ替えが必要でした。流動性だけを基準にして構成銘柄を変更していたのでは，いったい何年かかるのかわかりません。このあたりから，日経平均の迷走が始まったといえるでしょう。

第2節　計算方法の変遷

(1) 単純平均株価

額面制度

単純平均は，株価を合計しそれを銘柄数で割って算出します。シンプルな仕組みですが，計算の基準となる株価を定義する必要があります。つまり**「1株当たりいくら」の1株に当たる部分**をそろえなくてはなりません。この基準に当たる部分の決め方によって計算結果はいかようにも変わります。

日本ではもともと額面制度が採用されており，20円，50円，500円，5万円と4種類の額面を持つ株式が入り混じっていました。このため，50円額面を持つ株式を標準的なものとし，50円額面以外のものは50円額面相当に置き換えて基準をそろえることにしていました。

2001年10月に額面制度が廃止された後も，日経平均を計算する際にはこの**「50円額面相当」に読み替える方法**が引き継がれました。額面がなくなったことで，企業は株式の併合や分割を行いやすくなりました。その反面，日経平均の計算が読み替えによって複雑になるという問題が広がっていくことになります。指数を見るほうもそれぞれの株価を「50円額面相当」の株価に置き換えて，日経平均における影響度合いを考えなくてはなりません。

このように足し合わせるもととなる株価に手を加えていくことを，分子修正方式といいます。分子を修正しすぎると，指数が何を表すのかわからなくなってしまいます。単純平均の本質にかかわる重要な部分だといえます。

2001年以降急速に増えた株式併合は50円額面相当に読み替える銘柄を増

加させ，分子を修正することに対するアレルギーを抜き去る伏線となりました。

(2)　ダウ式平均株価（分母修正方式）

分子＝構成銘柄の単純合計
分母（除数）＝最初は構成銘柄数

単純平均がベースですから，最初はとても簡単な計算方法です。日常で使う平均そのものですから直感的にその意味が理解できます。

単純平均は値嵩株の影響を受けすぎるという弱点を持ってはいますが，指数の変化の要因を採用銘柄の価格変化で直感的に理解できるというメリットもあります。そういう性質のものだと割り切るしかありません。

日本においては値嵩株＝優良銘柄と信じられているので，日経平均を信仰する価値はそれなりにあるのです。

計算の仕組みは単純ですが，ひとつ困ったことがあります。構成銘柄に株式分割や入れ替えがあると，ほかの銘柄の株価がまったく同じであっても，昨日と今日の日経平均は異なるものになってしまうのです。そのままでは指数としての連続性がなくなるわけです。そこで，株式分割や構成銘柄の変更によって分子の単純合計が変わっても，その前後で指数に段差が出ないように分母（除数）を変更します。分子には手を加えず，単純平均のよさを残します。この修正のことをダウ式または分母修正方式と呼びます。

例えば１株を２株に分割する株式分割が行われると，株価は２分の１になり，10株を１株に併合する株式併合が行われると株価は10倍になります。株主の持分は実質的に変わりませんが，新しい株価をそのまま合計したのでは，単純平均に大きな影響が出ることになります。

ダウ式分母修正

この問題を解消するために考案されたのがダウ式平均株価です。ダウ式平均株価の計算では，株式の分割や併合があった際でも新しい株価をそのまま手を加えずに足し合わせます。その代わりに合計株価を割る分母を修正することで，分割・併合前の平均株価と分割・併合後の平均株価が同じになるように修正を行います。**水準が変わった新しい株価をそのまま使い続ける**ところが大きな特徴です。

ダウ式平均では，当初は採用銘柄数が分母となりますが，株式の併合や分割，採用銘柄の入れ替えがあるたびに分母が修正されていきます。修正が加えられた分母を除数と呼びます。この方式では，採用銘柄数で平均するという意味がわかりにくくなってきますが，指数の連続性，継続性を保つための魔法の呪文だと割り切って理解する必要があります。

算出開始時点から2005年6月までの日経平均は，分母である除数を修正するダウ式平均株価でした。当初は50円額面に換算した株価を足し，銘柄数の225で割ることでスタートしたのです。その後，株式の分割や併合があるたびに，分母である225に修正が加えられていきました。

変更前の株価合計÷旧除数＝変更後の株価合計÷新除数

株式分割への対応は

- 分割があると権利落ち銘柄の影響で分子の合計株価が減るので，除数を減らして調整。
- 必要なトレードは，分割で増えた分の株数を売り，そのお金でその他銘柄を均等に買う。

銘柄入れ替えへの対応は

- 銘柄入れ替えは，通常，値嵩株銘柄が採用され低株価銘柄が除外される場合が多いので，通常，分子合計が増え，除数を増やして調整。

- 必要なトレードは，除外銘柄の売り，採用銘柄の買いと，資金に余裕がない場合はすべての存続銘柄を調整（リバランス）して資金を捻出。

額面の読み替えという作業が次第に増えていきましたが，**読み替え後の株価に修正を加えず単純にそのまま足す**ので，単純平均という根幹部分はずっと保たれていました。

日経平均は2005年６月にダウ式とは決別し，日本独自の計算方式に変わりました。この変更によって日経平均は単純平均であることを捨て，やがて日本経済新聞社のさじ加減で決まる独特な指数へと変わっていくのです。

NYダウ平均株価は現在もダウ式平均株価を採用していますが，日経平均株価は日本独自の道を行くことを選びました。

⑶　分子修正方式

株式分割や併合への対応

2005年６月に日経平均の性質を大きく変える変更が行われました。その変更とは，２倍を超える分割や併合があった場合は，分割や併合の影響後の株価を元に戻して日経平均を計算するという方式です。それまでは，分割や併合後の株価をそのまま採用し分母である除数を修正してきたものを，**株価を分割や併合前の株価に戻してまるで何もなかったかのように扱う**分子修正方式に大きく転換したのです。

分子修正方式は，市場で売買され表示されている株価と異なる株価を使って指数を計算するものであり，平均株価をいかようにもいじることができます。分子修正方式の採用に際しては，慎重に検討するべきだったと思います。日経平均は，この禁断ともいえる分子修正方式を採用したことで，計算方法の変更に関するタブーはなくなってしまいました。

SBG（ソフトバンク・グループ）

日経平均を計算する際に使う株価を分割前の株価に戻すという力業を加えるので，平均するという概念そのものが壊れてしまいます。この代表例がSBGです。SBGは，2006年１月に３分割，2019年６月に２分割の株式分割を行っています。そのため，日経平均の分子を計算する際には，SBGの株価を３×２＝６倍して分割前の株価に戻して足し合わせる必要があります。

SBGは2005年以前にも６回の分割を行っています。それまでは，分割のたびにSBGの日経平均に占めるウエートは低下していましたが，2005年６月以降は分割後の株価を分割前に戻すことで日経平均に対する影響力はそのまま維持されることになったのです。この2005年６月の変更以前の日経平均と以降の日経平均は，まったく別物になったといってもいいでしょう。

この方式は，**ウエートの維持および会社が成長した結果をそのまま継続して指数に反映させる**という点では大義はありますが，平均株価という趣旨からはズレが生じてしまいます。日経平均がおかしな動きをするたびにSBGを犯人扱いしなければならない慣習に対して，いい加減にしてほしいと感じる投資家も多いのではないでしょうか。

しかしながら，この無理筋を16年前に大きな抵抗も受けることもなく通しておいたおかげで，2021年の株価換算係数の導入がすんなりと実現でき，採用株価の修正を行ったうえで値嵩株を採用する道を開くことができたのです。

値嵩株の影響低減効果

平均株価は，値嵩株が指数に大きな影響を与えます。分割によって低くなった株価に対し分母の修正で指数を計算すれば，値嵩株の影響は小さくなります。せっかく低くなった株価を元に戻したのでは，値嵩株の影響が未来永劫続くことになります。

ダウ式では，株式分割が行われるとその銘柄の影響度は下がり，その分がほかの銘柄に分散されることになります。分子修正方式では，分割後も分割実施銘柄の影響度はそのまま残り，単純平均指数でありながら，分割銘柄が成長を続ければ分割銘柄のウエートが加速し，加重平均的な特徴を持つようになります。

NYダウの場合，ダウ採用の値嵩株企業に対し暗黙のうちに株式分割を促すことで，採用銘柄間の価格差を小さく保つことに成功しています。それでうまくいっていますし，日経平均も高度成長時代にはその方式で問題はありませんでした。

(4)　株価換算係数を使用した分子修正方式

額面制度の廃止

日本には額面制度というものがあり，額面の金額は企業が集めた資本金の金額を簡単に計算できるように使われていました。2001年にこの額面制度が廃止され無額面に統一されたことで，日経平均の計算に採用する１株当たりの株価を決めるよりどころがなくなってしまいました。

そこで，額面制度廃止後はみなし額面という概念を作り，50円額面に換算した株価に修正して日経平均を計算する方法が採用されました。株価のよって立つ基準を一貫させる点で意味はありました。

株式の無額面化によって，企業は株式の併合や分割を容易に行えるようになりました。その後，株式の取引単位を100株に統一する方針が決まったこともあり，これに沿うように多くの企業が株式の併合を行って，自社の株価を100株単位で売買しやすい水準に変更しました。

しかしながら，せっかく額面を廃止してすっきりとしたにもかかわらず，日経平均の計算や日経平均型ポートフォリオを構築する際には，なくなったはずの額面をわざわざ引っ張り出さなければなりません。それだけではありません。株式併合比率によってみなし額面は変わるので，**みなし額面**

の種類が際限なく増えるという弊害が逆に目立つようになってしまいました。

そもそも50円額面に換算するといっても，50円額面自体が何を意味するものなのかわからない投資家も多くなっていました。すでに実情に合わなくなっていたにもかかわらず，なかなかこの方法を変えることができなかったのは，まずは100株単位への統一を優先せざるを得なかったのだと思います。

無事取引単位の統一も終わり，満を持して導入されたのが株価換算係数を使った修正方法です。この株価換算係数には２つの意味合いがあります。

既存銘柄に対する株価換算係数

１つ目は，既存の構成銘柄に対しては，従来のみなし額面による修正と同じ結果になるように株価換算係数を決めるということです。つまり，従来行ってきた**50円額面に合わせる修正作業を株価換算係数と単に呼び方を変えることで**，根底にあった50円を基準にするという概念を取り除きました。

既存の構成銘柄に関しては，修正方法の名称がわかりやすく変わっただけにすぎません。いったん株価換算係数に名称を変えてしまえば，50円という有名無実化していた基準に逆戻りしなくても済むのです。

新規採用銘柄に対する株価換算係数

２つ目が，株価換算係数の真の狙いになります。ズバリ，値嵩銘柄を新規採用しやすくすることです。というのも従来のルールでは，日経平均に値嵩株が採用されると銘柄入れ替えに絡んで市場に大きな混乱が生じたからです。日本経済新聞社は2000年の大量銘柄入れ替え時に起こった混乱のトラウマをいまだに引きずっていると思います。

市場への影響を考えると，業績絶好調の値嵩銘柄の採用に二の足を踏むのは致し方ありません。みなし額面方式のままでは，たとえ企業が採用前に分割を行って株価を低くしても，みなし額面による修正を行わざるを得ず，株価が元に戻されてしまいます。従来のルール下では，値嵩銘柄を新規採用するハードルは極めて高かったといえます。

株価換算係数というのは単なる呼び方の変更ではなく，値嵩銘柄採用へ道筋をつける画期的なアイデアです。日本経済新聞社が定める株価換算係数を当てはめるだけで，値嵩銘柄の影響を抑えたうえで新規採用する新しい道が開けました。日本経済新聞社は魔法の杖を手に入れ，日経平均に対する決定的な支配力を手にしたといってもよいでしょう。

(5)　株価換算係数の決め方

既存銘柄に対する株価換算係数の決め方は，変更前と変更後の採用価格が同じになるように機械的に変更するだけです。最初に株価換算係数に置き換えてしまえば，その後の分割や併合の際にはみなし額面が登場することは二度とありません。

みなし額面が50円の銘柄の株価換算係数は１（50÷50＝１）
みなし額面が500円の銘柄の株価換算係数は0.1（50÷500＝0.1）
みなし額面が20円の銘柄の株価換算係数は2.5（50÷20＝2.5）

構成銘柄の株価を「株価換算係数」を使って調整したうえで合計し，「除数」で割って日経平均を計算します。

日経平均に新規採用する銘柄の株価換算係数は，みなし額面にかかわらず原則としてまず１に設定します。ただし，基準日時点で，当該銘柄の株価が日経平均構成銘柄の採用株価合計の１％以上のウエートとなる場合は，１以外の値（0.1～0.9）を設定します。ウエートが１％を超えない最大の値を株価換算係数とし，刻みは0.1とします。最小値は0.1です。

要するに，そのままの株価を採用した場合，**日経平均に占めるウエートが１％を超える場合は１％以内に収まるように修正**するということです。

分子に当たる日経平均構成銘柄の合計株価は，日経平均に除数を掛けてやれば逆算できます。

新規採用銘柄の株価換算係数の計算例

日経平均：30,000円
除数：28
日経平均構成銘柄の採用株価合計（計算式の分子）：30,000×28＝840,000
ウエート１％→8,400円

したがって，株価が8,400円以上の銘柄は，日経平均の計算対象となる採用株価が8,400円以下になるように株価換算係数を使って修正します。

株価１万円の銘柄：
　株価換算係数0.8→採用株価：8,000円（ウエート0.95％）
株価３万円の銘柄：
　株価換算係数0.2→採用株価：6,000円（ウエート0.71％）
株価５万円の銘柄：
　株価換算係数0.1→採用株価：5,000円（ウエート0.59％）
株価10万円の銘柄※：
　株価換算係数0.1→採用株価：10,000円（ウエート1.19％）

※この例では株価が84,000円を超える銘柄は一律0.1の株価換算係数が適用されるが，ウエートは１％を超えてしまうので，現状のルールでは採用対象外となる可能性が高いと考えられる。

(6)　株価換算係数導入の背景

大阪銘柄の不満

先物・オプションを管轄する大阪取引所は，取引所統合以前から，旧大阪証券取引所銘柄で日本を代表する任天堂，村田製作所，ベネッセホールディングス，日本電産，ローム，シマノなどを日経平均に採用してほしいと考えていたようです。

日本取引所として運営が統合されてから，旧大証を取引の中心としていた銘柄も日経平均に徐々に追加されるようになってきました。

しかしながら，すでに値嵩になってしまった銘柄の採用はなかなか叶いませんでした。値嵩銘柄はある程度値嵩である銘柄と入れ替えなければ，市場の混乱を招くおそれがあるからです。そうした懸念がありながらも，2019年にようやく値嵩株のオムロンが倒産価格まで下落していたパイオニアとの入れ替えで採用されました。ちょっとしたチャレンジではありました。

こうした値嵩株採用時の懸念を取り除いたのが，2021年10月に導入された株価換算係数です。みなし額面方式の名称変更にうまく抱き合わせた高度な作戦だったといえるでしょう。その代わりにむやみに値嵩株を採用しないように，定期採用銘柄数を３銘柄に制限するという縛りがつけられています。

マニアックな指数

株価換算係数の導入は日経平均のレベルアップを狙ったものであった一方，日経平均という指数を世界の基準から一段とマニアックなものにすることになりました。なぜなら，**株価換算係数のルールの決め方次第で，日経平均における採用銘柄のウエートを自由に変えることができる仕組みに**なっているからです。

現在，新規採用銘柄の株価換算係数は0.1から1.0までとなっていますが，この範囲を変えることもできます。もし超値嵩株が出現した場合，下限はさらに引き下げられるかもしれません。いったん決まった株価換算係数も大幅な株式分割がある場合は修正されますが，それ以外の場合でも日本経済新聞社の考え方次第で突然修正されるかもしれません。

日経平均は単純平均として始まりましたが，もはや単純平均とはいえないほど手が加わってしまいました。日本経済新聞社の決める株価換算係数の決め方次第で，どのようにでもなる指数になってしまったのです。

日経平均が単純平均ではなくなったため，単純平均による世界的な指数はNYダウだけとなりました。なお，株価換算係数の導入についての日本経済新聞社の公式な説明は以下のようになっています。

> 日経平均は日本を代表する株価指数として，株式市場の動向を表す指標としてだけでなく，多くの金融資産でも利用されています。今回の見直しでは，業種のバランスに配慮した市場流動性の高い225銘柄で構成された株価平均（株価ウエート）型指数という骨格は変えず，70年以上にわたる指数の連続性を維持します。そのうえで，日経平均に連動した金融資産の大きさを考慮し，マーケットへの影響に極力配慮した改定を目指します。

（出所：日本経済新聞社「日経平均株価のみなし額面等に関するコンサルテーションについて」2021年５月10日）

この説明の中に，日経平均を維持管理していくうえでのキーワードがすべて盛り込まれています。

- 多くの金融資産でも利用
- 株価平均という骨格は変えず
- 70年以上にわたる指数の連続性を維持
- マーケットへの影響力に極力配慮した改定

日経平均を使用した金融商品は，先物やオプションだけではなく，日経平均連動型ETF，デリバティブ型ETF，公募投信，私募投信，リンク債など，世界中で多数取引されています。こうした資産を生かすためにも，日本経済新聞社としても日経平均は何としても存続させていく必要があるのです。

株価換算係数の導入は，TOPIX（東証株価指数）がプライム指数へと昇華していく直前に行われたギリギリの決断だったのではないでしょうか。

第３節　日経平均バスケット

(1)　連動バスケットの作成

日経平均採用銘柄にそれぞれ株価換算係数を掛け合わせ，それを合計したものを除数で割ったものが日経平均です。分子の計算方法と整合するように株数を調整して225銘柄を買えば，日経平均に完全に連動する現物バスケットができ上がります。

株価換算係数の最も小さい0.1の銘柄を最小売買単位の100株に合わせると，株価換算係数１（旧来の方式におけるみなし額面50円）の銘柄は1,000株買えばよいことになります。それ以外の銘柄も同様に，それぞれ株価換算係数に合わせた株数を買えば，日経平均に完全に連動するバスケットができ上がります。

日経平均の計算式
日経平均＝Σ（各採用銘柄×株価換算係数）÷除数

分子上の株価合計
Σ（各採用銘柄×株価換算係数）＝日経平均×除数

最小完全バスケットの金額
最小日経平均バスケット＝Σ（各採用銘柄×株価換算係数×1,000）
＝{Σ（各採用銘柄×株価換算係数）}×1,000
＝日経平均×除数×1,000

以上の計算に従えば，個人投資家でも日経平均を現物バスケットで保有することができます。必要に応じて日経平均先物やオプションでヘッジすることが可能になります。

日経平均バスケットを完全にヘッジするためには，倍率1,000倍のラージ先物については除数と同じ枚数，倍率100倍のミニ先物については除数×10枚売ればよいことになります。

計算例

日経平均：30,000円
除数：28倍
30,000×28×1,000＝840,000,000円

この計算例の場合，完全バスケットを作るためには８億4,000万円が必要になります。これをヘッジするために必要な先物はラージ28枚です。除数がこの計算例のようにきりのいい数字になることはないので，その分はミニ先物を使うといいでしょう。それでも厳密にいえば，ヘッジしきれない部分は多少残ります。

(2) 採用銘柄の入れ替え

リスクを取るか取らないか

現物バスケットで日経平均を保有する場合，株価換算係数導入後も採用

銘柄入れ替えに対応する方法は変わりません。新旧銘柄はこれまでと同じように入れ替え基準日の大引けの価格を使って入れ替わります。基準となる大引けの価格で除外銘柄を売り，新規採用銘柄を買えば，銘柄入れ替えイベントをまたいで日経平均と連動バスケットの関係を入れ替え前と同じ状態に保つことができます。

除外銘柄の売り金額：入れ替え基準価格×株価換算係数×1,000株
採用銘柄の買い金額：入れ替え基準価格×株価換算係数×1,000株

除外銘柄の基準価格は基準日をめがけて売りのターゲットにされ，その銘柄の実態以上に低くなることが多くなります。新規採用銘柄の基準価格は基準日をめがけて買い上がりのターゲットにされ，その銘柄の実態以上に高くなることが多くなります。

うまく立ち回ろうとすると足をすくわれる可能性もあるので，あえて入れ替え基準日を避けて，あとから入れ替えを行う作戦をとる投資家もいます。

パッシブ型のファンドなど消極的な運用手法であれば，通常，基準日をめがけて行動します。少々不利な価格での入れ替えになるとわかっていても，**日経平均のパフォーマンスに劣るわけではありません**。あるいは，証券会社と基準価格における入れ替えを事前に約束した取引を行うこともあります。引き受けた証券会社はリスクを取って事前事後にうまく立ち回って，顧客と取り決めた価格との鞘を取ろうとします。

このように，銘柄入れ替えをめぐって大きな需給が発生するので，銘柄入れ替えには直接関係のない投機家が，このイベントリスクに乗じて売買を行います。

投機家たちは，事前または事後にリスクを取って売買し，削除銘柄を基準価格より高く売り，採用銘柄を基準価格より安く買おうとします。本来

なら入れ替え日に集中する需給が，こうした投機家たちの駆け引きによって入れ替え日の前後に分散されていきます。投機家の行動は，一見市場の乱高下を作っているように見えますが，実際は**基準日にかけて集中する売買を均(なら)す役割も**果たしているのです。本来なら銘柄入れ替えのリスクを取るべきパッシブ型ファンドの肩代わりをしているともいえるでしょう。

銘柄入れ替えに関しては，それぞれの資金性格やリスク選好度合いによって入れ替えリスクを取るか取らないかの二手に分かれ，相場が攪乱される問題と資金面での問題があります。

(3) 2021年９月30日の銘柄入れ替え

株価換算係数採用と同時に３銘柄の入れ替えがありました。

日経平均終値：29,452円66銭

除数：27.769

旧銘柄からなる日経平均の最小バスケット

29452.66×27.769×1,000＝817,870,916円

除外銘柄の明細

除外銘柄	株価換算係数	基準値段	除外金額※	翌日株価（参考）
日清紡3105	1	848	848,000	837
洋缶5901	1	1,319	1,319,000	1,339
スカパー 9412	0.1	429	42,900	431

※株価換算係数１の銘柄は1,000株，株価換算係数0.1の銘柄は100株当たりの金額

除外金額合計　2,209,900円

入れ替え後の日経平均の最小バスケット

新除数：28.373

29452.66×28.373×1,000＝835,660,322円

新規採用銘柄の明細

除外銘柄	株価換算係数	基準値段	組み入れ金額※	翌日株価（参考）
キーエンス6861	0.1	67,000	6,700,000	64,980
村田6981	0.8	9,960	7,968,000	9,397
任天堂7974	0.1	54,310	5,431,000	49,570

※株価換算係数0.1の銘柄は100株，株価換算係数0.8の銘柄は800株当たりの金額

組み入れ金額合計　20,099,000円

３銘柄入れ替えに必要な金額

20,099,000－2,209,900＝17,889,100円

株価換算係数採用に伴う誤差が生じる銘柄

	本来の係数	採用係数	基準値段	誤差金額
双日2768	0.02	0.1（最小値）	1,840	147,200
SOMPO8630	0.25	0.2（切り捨て）	4,881	－244,050

株価換算係数採用で生じる誤差合計　147,200－244,050＝－96,850円

【除数の計算】

入れ替え前の最小バスケット金額	817,870,916
３銘柄入れ替え分	17,889,100
株価換算係数調整分	－96,850
入れ替え後の最小バスケット金額	835,663,166
計算上の新除数	28.373096
採用新除数	28.373

※採用銘柄のウエートを株価換算係数でかなり落としても，１バスケット当たり約1,800万円の追加資金が必要となった。市場全体では推計5,000億円の資金が必要とされ，銘柄入れ替えに絡み存続222銘柄が5,000億円分（ラージ先物換算で約17,000枚）売却されたといわれている。

第４節　日経平均をトレーディングする投資家

(1) 裁定取引業者

狭義の裁定取引

はるか昔，日本で先物が上場されてからしばらくの間，米系大手証券自己売買部門が派手に現物先物間の裁定取引をしていた時代がありました。現在は，日経平均バスケットと日経平均先物間のいわゆる「狭義の裁定取引」の利益率は際限なく低くなってしまい，報告義務のある「狭義の裁定取引」を行う業者は日系大手証券と一部の外資系証券数社に限定されています。

こうした業者は，裁定取引が目的ではなく，ETF（株価指数連動型上場投信）組成をはじめとした機関投資家相手のバスケット対応に必要な在庫などを持つ手段として裁定取引を活用しているといってもよいでしょう。

広義の裁定取引

代わって台頭したのが，高速高頻度取引システム（HFT）を駆使した「広義の裁定取引」業者です。「広義の裁定取引」では，日経平均に関連するあらゆる商品間の鞘を高速で狙います。

ちょっと大げさにいえば，**市場全体に対する裁定取引**といってもいいかもしれません。その中から，日経平均に関する裁定取引は全体の一部にすぎず，これだけを抜き出してカウントすることは不可能です。したがってHFT業者が結果的に日経平均型の裁定バスケットを完成させても，報告義務のある裁定取引とはみなせません。

こうした取引を行っているのが欧州を中心とするファンド勢です。ファンド勢はHFTを武器にして，ABNアムロやBoA証券などの機関投資家向けに，スーパーディスカウントを行う業者を経由して大量の売買を行っています。特に先物やオプション市場においてABNアムロの手口は目立ちますが，**HFTを使ったファンド勢を抱える証券会社の手口を分析したところで，彼らのポジションは何らかの形でニュートラルになっている**のでほとんど役には立ちません。

HFTを使ったファンド勢は，広義の裁定取引だけではなく，期先の先物や日経平均オプション，日経平均連動型ETFの値付けや流動性供給においても圧倒的な存在です。

このような状況になった理由はいろいろありますが，高速で大量に売買を行うファンド勢に対して，格安の手数料で執行を引き受ける業者が出現したことが挙げられると思います。ファンド勢は，分類上は顧客であり，何かと制約の多い証券会社の蓑に隠れて反則ギリギリの行為を行うことも可能です。また，一部の商品（ETF，期先の先物，日経平均オプション）に関しては，**証券会社の顧客という位置づけでありながら自ら正式なマーケットメーカー**にもなることができ，まさにいいとこどりをすることが可能な状態なのです。

こうしたファンド勢に対して日系大手証券は，基幹システムへの影響やシステム全体の整合性を考えながら環境を整備しなければなりません。発注とポジション管理に特化して何の足かせもなく環境を構築できるファンド勢にどうしても分があるのです。これは，日本の大手銀行のシステム開発や統合が新興ノンバンクに後れを取る構図とまったく同じだといってもいいでしょう。

日系の大手証券は，「広義の裁定取引」では後れをとっても，「狭義の裁定取引」を通じて作った裁定残をバスケット在庫として持つことで，ETF組成などから収益が見込めるのです。

⑵ 外国人投資家

厄介な存在

日本株にとって外国人投資家は，最大の売買シェアを持つ投資主体です。日経平均先物についても外国人が最大のシェアを持っていますが，現物株とは少し事情が違います。現物株にはリサーチをベースにした伝統的な外国人投資家が多くいるのに対し，先物に関しては値動き重視のヘッジファンド勢が圧倒的に幅を利かせています。

同じ先物でもTOPIX先物の場合は，伝統的な外国人機関投資家も多数存在しますが，日経平均先物に関しては，外国個人投資家向け投信による売買を除くと，外国人投資家と呼ばれる集団のほとんどは，価格重視の短期投資家と鞘狙いのHFTファンドと考えてもよいでしょう。

マクロ系とCTAは大きい

ヘッジファンドの中にもいろいろ種類があり，とりわけ規模の大きいファンドは，マクロ系とCTA（Commodity Trading Advisor）です。HFTファンドはシェアこそ大きいものの，基本は逆張り（時価より高く売り，時価より安く買う）による高速指値売買なので，マーケットに対しては中立で日経平均の水準を変える力はありません。

マクロ系のファンドは，外国株価指数，金利，為替，商品などとの相対的な関係を重視して動き，ファンドのサイズがとてつもなく大きいことが特徴です。いったん方向が決まるとアセットアロケーションが変更され継続的に同じ方向の売買が続くので，大きなトレンドを作る大元になります。

CTAは，もともとは商品先物の投資運用会社ですが，早い時期から商品市場で磨いたテクニカル売買を武器として金融先物市場に進出しています。主にトレンド売買を行います。日経平均先物のトレンドの裏にはCTAがいることが多いようです。彼らにとって日経平均は単なる売買対象の１つにすぎず，トレンドが現れたときに後を追うように参入しているだけなのに，不思議な動きが起こった場合はまずCTAが犯人扱いされる傾向があります。それほど存在感が大きいことの裏返しともいえるでしょう。

こうした主要なプレーヤーたちは，あまり細かい日本の事情は勘案しません。マクロ環境の変化や，大きなトレンドの存在さえあれば，とてつもなく大きなポジションを取り，日経平均を数千円動かす力を持っています。

国内投資家は，あまり細かい日本の事情にこだわりすぎてこうした大物たちの動きに逆らってしまうと，大きな痛手を負うことになります。

⑶　個人投資家

お客様

日経平均先物市場における個人投資家の存在感は薄く，市場にとってはお客様だといえます。もちろん，神様のほうではなく，お金を貢いでくれるお客様のほうです。特に先物単体で収益を上げ続けることのできる個人投資家は一握りしかおらず，参入退出が非常に激しい集団です。個人投資家の売買シェアはあまり変わってはいませんが，参加者はかなり早いサイクルで入れ替わり，長期間生き残っている投資家は非常に少ないと考えられます。

日経平均先物はトレンドが出てわかりやすい相場展開になる時期が年に何回かあります。そうした時期に参入して最初は意外と簡単に儲かってしまうケースがよくあります。最初に簡単な勝ち方を覚えてしまい，そのやり方のまま難しい局面に入ったとたんそれまでの収益のすべてを吐き出して，なおかつ資金を溶かしてしまうというパターンが繰り返されているようです。そうでなければ，最初からほとんど勝つことができずにあっさりと市場を去るパターンです。

参入障壁は高い

個人投資家にとって，わざわざ口座を開いて先物を始めるハードルは意外と高く，特定口座を使って同じような売買ができるデリバティブ型ETFを代わりに使う投資家が圧倒的に多いようです。

ハードルとなっている大きな要因は値動きの過激さです。先物は清算値で毎日値洗いが行われ，評価損は即日証拠金残高から引かれます。逆張りを主体とする個人投資家は思惑が外れた時に身動きができなくなってしまい，まもなく証拠金が枯渇し相場に長居することできません。

デリバティブ型ETFであれば，レバレッジが少し効いているだけなので，現物取引を行っている限り追加資金は必要ありません。先物と違ってかなり長期間にわたって粘ることができます。デリバティブ型ETFであれば，相場が少々逆行しても損切りするのではなくナンピン（さらに買い増しをして平均単価を下げる）を繰り返すことで逆転が狙えます。デリバティブ型ETFのレバレッジは２倍であり，信用取引を利用しても６倍までです。それに対し先物のレバレッジは約20倍あり，資金管理をしっかりやらないと先物市場では生き残っていけません。

それ以外の参入障壁としては，現物取引と損益通算ができず，そのうえ，わざわざ確定申告しなければならないという煩雑さがあります。その点，デリバティブ型ETFにはこうしたわずらわしさがなく税金面での心配もありません。

間接的に参加

個人投資家がデリバティブ型ETFのナンピンを繰り返すことで生じた歪みを，HFTが先物市場に持ち込むことで個人投資家は間接的に先物市場に参加しているともいえますが，それでも外国人投資家に比べるとパワー不足です。このあたりは第４章で詳しく説明します。

第5節　日経平均とダウ平均

(1)　日経平均の理念

単純平均の理念

単純平均の理念は，指数構成銘柄の株価を合計して銘柄数で割るというわかりやすさにあります。株価に手を加えることなくそのまま合計するということは，指数に連動する等株バスケットを簡単に作れるということでもあります。

加重平均型の指数であれば連動バスケットの構築には巨額の資金が必要になりますが，単純平均の指数は完全なバスケットが手軽に構築できるのです。とにかく株価をいじらないということが単純平均としての核心部であり，指数としての理念です。

ダウ式平均は，対象銘柄を同じ株数買い付ければ，ダウ式平均と同じポートフォリオを簡単に組むことができます。日経平均の場合はそれよりも煩雑になり，株価換算係数によって銘柄ごとに買い付ける株数を変えなくてはいけません。それでも単純平均の遺伝子を引き継いでいるので，加重平均型に比べれば容易にポートフォリオを組むことができます。

必要最低限の修正

単純平均は単純であるがゆえに，株式分割や指数構成銘柄の入れ替えという株価に影響のあるイベントに対して脆さがあります。割られる側の株価合計が株価イベントをまたいで一瞬で変わってしまうからです。

ほかの株価がまったく変わらない場合でも，昨日と今日で分子の合計が変わるので，それを銘柄数でそのまま割ってしまうと，平均株価に段差ができ，指数としての連続性を失ってしまいます。この段差ができないように分母を修正するのがダウ式（分母修正方式）です。

この分母修正方式は，**単純平均の核心的な部分を守るために必要最低限な修正方法**です。単純平均を指数として使う場合，絶対に避けて通れない方法なのです。分母を修正している限りにおいて，等株ポートフォリオの動きを表すという単純平均の特性は変わりません。

本家が捨てた分子修正方式

NYダウもかつては分子修正方式を使っていた時代があります。1928年に銘柄数が今の30銘柄になった以降は，分子の修正は廃止されました。その後はずっと分母修正方式を続けています。

日経平均は1949年の誕生以来ダウ式の分母修正方式を採用していましたが，2005年にそれを放棄することになりました。単純平均としての理念を捨て，あえて分子修正方式に鞍替えしたのです。

筆者は，2000年の30銘柄入れ替えで市場が混乱したトラウマが伏線になったと思っています。そもそもそのとき起きた混乱は，分母修正方式が問題だったわけではなく，入れ替えの方法が適切ではなかったに過ぎません。

日経平均の迷走は，2000年の30銘柄一挙入れ替えから始まっていたのです。

日本経済新聞社の説明

日本経済新聞社による分子修正方式についての説明は次のページのとおりです。その中で「大幅な株式分割や併合が実施された場合，除数調整では指数値の連続性や指標性を損ねる可能性があるため」と説明しています。指数値の連続性や指標性は分母修正でも保つことができるので，これは苦しい説明のような気がします。

2005年6月7日付け発表の「大型の株式併合に対する措置」に基づき，構成銘柄の大幅な株式併合や株式分割に対しては，除数による調整に代えて，指数算出に用いる株価の水準がその前後で変わらないようにすることを原則としています。具体的には，株式分割等の比率に応じて，該当銘柄の株価換算係数を変更します。例えば1株を10株に分割する場合，それまでの株価換算係数が1であれば分割比率に基づいて，新しい株価換算係数を10とします。

大幅な株式分割や併合が実施された場合，除数調整では指数値の連続性や指標性を損ねる可能性があるため，対象銘柄の「株価換算係数」を変更することで，指数算出に用いる当該銘柄株価の水準が株式分割や併合前後で変わらないように調整し，指数の連続性を維持しています。

（出所：日本経済新聞社「よくあるご質問（日経平均株価について）」2021年10月1日版）

2005年の仕様変更は，大幅な株式分割をみなし額面の変更として処理することでした。みなし額面の変更は，本来単なる価格の呼称変更にすぎず，企業経営者の意図や収益見通しとは無縁に行われます。

それに対し，株式分割は，株主還元の一環として経営者の強い意思をもって行われ，実質増配に結びつくことも多いのです。この2つをあえて同一視することで単純平均と決別し，さらに株式分割による除数低下の道を自らふさいでしまったといえるでしょう。

⑵　除数の違い

225で始まった日経平均の除数は，2000年までは10.18まで順調に低下していきました。この継続的な低下要因のほとんどが株式分割（額面方式の時代は無償増資や有償増資）による影響です。

2000年の30銘柄入れ替えによって除数はほぼ倍増し，20.341となりました。その後はしばらく大きな株式分割がなかったことから，除数は銘柄入れ替えの影響を受け上昇傾向となりました。2005年６月の分子修正方式への移行時点の除数は23.896でした。

2005年以降も，除数はさらに上昇していきました。それまでは除数の引き下げ要因となっていた株式分割が分割前の株価に戻すことによって行われるようになったからです。株式分割はもはや指数イベントではなくなってしまいました。

2005年以降の指数イベントは銘柄入れ替えだけとなり，これまでどおり分母の修正が行われます。銘柄入れ替えは，流動性に基づいて実施されます。流動性の判定基準に売買代金という項目が入っているので，業績の悪い低株価で人気のない銘柄は外されやすくなります。したがって，

新規採用銘柄の株価＞除外銘柄の株価

であることが多く，その場合，採用銘柄の株価合計は指数イベント後に上昇するので，これを修正するため除数を引き上げる必要があります。

2021年の株価換算係数導入前の除数は27.769で，導入後の除数は28.373に上昇しました。これは，係数で換算した採用銘柄の株価が100円動くと日経平均が100÷28.373≒約４円動くことになります。

株式分割を分母の修正で行っているNYダウは驚くなかれ，30で始まった除数が今では0.15198707565833（2020年11月25日現在）まで低下しています。除数が１を大きく割っており，**除数といいながら倍数**になっているのです。NYダウは採用銘柄の株価が１ドル動けば約6.58ドル動きます。

このことから，NYダウの構成銘柄がいかに多くの分割を繰り返してきたかがわかります。その結果，１銘柄の値動きが指数に与える影響が極めて大きくなっています。常に時代を担うブルーチップを採用し続けてきたからこそなせる技だといえるでしょう。

(3)　日経平均の行方

バブル崩壊過程において，上場したばかりの日経平均先物はさんざん悪役に仕立てられましたが，その頃の日経平均はまだまっとうな道を歩んでいました。本当の悪役はバブルで踊って楽しんだ後，バブルの崩壊で資産の解消をやみくもに行わざるを得なかった人たちで，日経平均先物はバブル紳士たちに代わって魔女狩りに遭ったようなものです。

日経平均の迷走は，バブルの後始末の最終局面にあった2000年の30銘柄入れ替えから始まります。その後2005年の分子修正方式の採用で単純平均としての理念を捨て，日経平均は独自の道を歩み始めました。

ファーストリテイリングやSBGなどの値嵩銘柄が指数に与える影響ばかりが大きく取り上げられますが，日経平均の本質的な問題に気づいている人は少ないのではないでしょうか。『日経平均と「失われた20年」』（東洋経済新報社）の著者・宮川公男一橋大学名誉教授は，2005年の分子修正方式への変更を日経平均３つの大罪と指摘しています。日経平均についてより詳しく知りたい方はこちらを一読されることをお勧めします。

日経平均の迷走劇はこれからもまだまだ続きます。株価換算係数という採用株価を自由に変えられる魔法を手に入れたことで，いよいよ迷走の最終章へと入ってきたかもしれません。今後どういう変更があろうと驚く必要はありません。

これから日経平均がどういう変遷をたどるかは現時点ではまったくわかりませんが，おそらく高成長&ハイテク株指数へと変貌していくのだと思います。あまり225銘柄にこだわりすぎると，低株価成熟銘柄の扱いをめぐっていずれ無理が生じるでしょう。

ハイテク株指数へと変貌していく過程で，果たして先物とオプションの流動性が維持できるでしょうか？　徐々にプライム指数化していくTOPIXとの最後の戦いになると思います。

また，日銀が大量に買い込んだ日経平均型ETFは，どういう結末を迎えるのでしょうか？

日経平均のエンディングは，採用銘柄数を**NYダウ並みに30銘柄程度に減らすというくらいの大手術**になるかもしれません。まさに，「誰もが予想できる結末に，誰もが予想できない経緯を経て」たどり着くのでしょう。

第2章
日経平均の歴史

今後の日経平均の行方を考えるうえで，過去の歴史を振り返ってみましょう。日経平均の栄枯盛衰については，前著の第２章「過去を知る」に詳しく書いていますが，ここでは多少視点を変えたうえでおさらいします。

第１節　高度経済成長と日経平均

(1)　日経平均の変遷

日経平均の前身となる「東証第１部修正平均株価」の公表開始は1950年９月です。東京証券取引所が取引を再開した1949年５月16日時点までさかのぼって計算し，176円21銭が最初の価格です。

最初のオーナーは東証ですが，1970年に日本経済新聞社に算出・計算が移転され，日本経済新聞社の下でその後名称が２回変わり，最終的に現在の日経平均株価と改称されています。1949年の計算開始以来2005年６月までは計算方法に変更はなく，NYダウと同じダウ式修正方法を使った単純平均でした。

1949年当時は敗戦処理のまっただ中で，取引所の売買開始時点までさかのぼって計算されている日経平均は，まさに戦後の日本とともに歩んできた指数といってもよいでしょう。

1949年５月	東証第１部修正平均株価	176円21銭
1970年７月	日本経済新聞社が計算・公表を引き継ぎ，NSB日経225種平均株価に名称変更	
1975年５月	日経ダウ平均株価に名称変更	
1985年５月	日経平均株価に名称変更	
1989年12月	日経平均株価が史上最高値	38,915円87銭
2009年３月	バブル崩壊後の安値	7,054円98銭
2005年６月	ダウ式修正方法から分子修正方式へ変更	

今更ながら日経平均の幕引きを図るべきタイミングは，1969年に東証がTOPIX（東証株価指数）の計算を開始し，それまで面倒を見てきた東証第１部修正平均株価の計算・公表をやめると発表した時点だったのかもしれません。

あまりにも投資家の間で廃止反対論が多かったため，東証は廃止を宣言した後も計算・公表だけは続けていたのです。

(2) 一般的な日経平均

一般的には，日本経済新聞社が計算するようになった1970年以降を日経平均として扱うことが多いようですが，1949年の計算開始以来，225銘柄を対象に同じ計算方法で計算されている東証第１部修正平均株価を日経平均として扱うことに大きな問題はないでしょう。むしろ計算方法が大きく変わった2005年以降も，同じ日経平均として扱い続けるほうがよっぽど問題だと思います。

日本経済新聞社も，オーナーではない時期の指数の扱いや詳細については歯切れが悪く，「当時の詳しい経緯は不明」とあいまいな表現をしています。

TOPIXの開始が1969年なので，戦後の経済成長過程を表す株価指数は日経平均（当時の東証第１部修正平均株価）しかありません。

異なる名称で公表されていた1970年からの15年間は，ニクソンショックやオイルショックなど戦後の高度経済成長に暗雲が立ち込め始めた時期でした。復興期のイケイケガンガンではなくなり成長のペースは鈍化しましたが，日本経済は順調に拡大を続け，日経平均もそれを反映しながら上昇を続けました。

日経平均が現在の名称になった1985年あたりは，オイルショックを乗り越えた日本経済が米国を超え最強だとまで称賛された時期です。その後も日本経済は記録を塗り替える円高をものともせず前代未聞のバブル経済に突入し，日経平均は39,000円に迫る史上最高値をつけました。

第2節　先物上場

指数先物上場

1980年代に入り米国では，個別株オプションや指数先物をはじめとする金融先物およびオプションの取引が急速に伸び，日本でも指数先物を導入しようとする機運が高まりました。ところが，日経ダウ平均（当時）を対象とする先物取引を始めようとする動きに対し，デリバティブに否定的な立場だったダウ・ジョーンズ社は，ダウの名称を冠する指数先物取引を始めることに難色を示しました。そうした経緯があって，ダウ・ジョーンズ社は日本経済新聞社との提携を解消し，現在の日経平均株価という名称になりました。

機運は高まったものの，当時の日本では差金決済を使った取引は賭博罪の適用対象となっていました。そうした中で，差金決済による先物やオプションを上場するには法改正が必要で，それには時間がかかります。

株先50の登場

そこで，1987年６月，指数先物の上場に先立って「株先50」という株券先渡し取引が大阪証券取引所（大証，現・大阪取引所）で導入されました。これは実質的には先物ですが，最終決済だけは差金ではなく50銘柄からなる現物パッケージの受け渡しを行うことで，法律の網をかいくぐれたのです。大阪における現物市場の地盤沈下が進む中で，大証はデリバティブで起死回生を図るという強い意思表明をしたのです。

この商品は，現物と先物が途中は**それぞれの需給で勝手気ままに動いても，最後は必ず合致**するという，まさに基本ともいえる先物の原理を理解する格好の教材となりました。外資系証券会社と比べ先物取引の原理に不慣れな国内証券会社が，この株先50を使って現物先物間裁定取引の経験を積む機会を得た効果は大きかったと思います。

リスクなしで収益が稼げるわけですから何ともおいしい話です。実際，株先50は受け渡しが滞りなく行われるかどうか心配になるほど割高に買われており，原理を信じて実践するだけで莫大な収益が手にできたのです。

おそらくババを引いたのは，割高な株先50を買ってそのまま決済せずに売買最終日を迎え現物バスケットを引き取った機関投資家です。個人投資家の参加は限定的でしたが，割高に買っても最終売買日までに割高なまま反対売買すれば特段の不利益を被ることはありませんでした。

満を持して先物の上場

こうして，証券会社と投資家が株先50の取引に慣れてきた1988年９月に，東証ではTOPIX先物，大証で日経平均先物の取引が始まりました。

今から思えば，この株先50をどこかの時点で株券先渡し取引から指数先物取引に仕様変更し，そのついでに数字だけをうまくつないで日経平均と改称していれば日経平均の運命も少し違ったものになっていたかもしれません。ひょっとしたら，**厳選された50銘柄の単純平均で計算する「日経平均」**は名実ともに日本版ダウになっていたかもしれません。もっとも，すでにシンガポールでは日経平均先物取引が始まっていたので，逆にもっとややこしいことになっていたかもしれません。

日経平均対TOPIX

先物取引をめぐってしばらくの間，東証・大証間の激しいつばぜり合いがありました。といっても，東証側は横綱として受けて立つ側で，大証が日経平均という癖玉を使って東証に挑戦するという構図ではありましたが。

大証のよりどころは，1950年の公表開始以降日本経済とともに半世紀近く歴史を歩んできた**日経平均の知名度と個人投資家への浸透度合い**です。

一方の東証は，機関投資家という万全の後ろ盾に加え，開始時点からコンピュータ取引で行うという決定打を持っていました。大阪へわざわざ電話をかけそこから取引所へつなぎ，最後は場立ちと才取業者が付け合わせを行うという前近代的な執行方法は，大証には圧倒的に不利なはずでした。TOPIXのほうは板の変化や約定する様子が端末上でリアルタイムに確認できるのに対し，日経平均先物は，板の売買注文状況を電話で確認しながら取引しなければなりません。短期筋にとっては，まるで闇夜で剣を振り回すかのような戦いです。

当然ながら実取引ではTOPIXの圧勝でしたが，大証も大阪地盤の大手顧客にクロス取引をお願いして，出来高面では負けていない状況を作っていました。

オプションで形勢逆転

そうした流れを変えたのが，立ち会い取引からシステム取引へ移行したことと，1989年６月に始まったオプション取引です。当初からTOPIXのオプションは不人気で，機関投資家でさえ寄り付く様子はありませんでした。一方の日経平均オプションは，バブルの最終局面で日経平均が毎月1,000円上昇する状態だったこともあり，スタート時点から個人投資家の注目を集めていました。バブルが崩壊した後は，一転して下落に賭ける投資家が殺到しました。

さすがにこの状況に対して東証も危機感を抱き，個人投資家向け啓蒙活動を展開しました。しかしながら，肝心の機関投資家が動く気配もない中では成果は一向に出ません。結局，個人投資家には値ごろ感がわかりやすい日経平均オプションで十分だったのです。起死回生の策として繰り出したTOPIX先物の海外上場作戦も不発に終わり，日経平均先物とTOPIX先物の勝負は日経平均に軍配が上がる形に傾いていったのです。

第３節　バブル崩壊と日経平均悪玉論

(1)　史上最高値への道と，内に秘められた問題

順風満帆

先物が上場してからの日経平均は順調そのものでした。**円高原油安金利低下のトリプルメリットの風**を受けたのに加え，先物に対する買い需要が日経平均を押し上げました。

1988年12月に初めて日経平均が30,000円に乗せたのは，ソロモンの12月先物買い３月先物売りの限月間スプレッドからの現物買いが原動力でした。裏側には，**期先に当たる３月限先物を割高に買い上げた機関投資家**の存在がありました。当時は現物株の委託手数料が固定制度下にあったため，指数連動型の運用を行う機関投資家や投資信託は，現物の代わりに割高な先物を買っても委託手数料を考慮すると十分採算は合う仕組みだったのです。

バブルの最終局面となった1989年は，日経平均が年末に向け毎月1,000円高のペースで上昇していきました。その最終局面の1989年６月にオプション取引が始まりました。当時は行使価格が500円刻みで設定されていましたが，日経平均はだいたい毎月1,000円近く上昇していたので，値刻みの広さが気にされることもほとんどありませんでした。

清算方法の問題

この時期に唯一問題だったのは，先物もオプションも日経平均の引け値を使って清算していたことです。日経平均オプションは満期日における日経平均の引け値での清算に加え，毎週１回日経平均の引け値が確定した後で権利行使ができるという変則的なアメリカンスタイルを採用していました。

引け値を使った清算の仕組みにおいては，**相対的に少ない資金で引け値を有利に動かし，大量のポジションを清算するという市場操作**が合法的にできました。

こうした週１および３・６・９・12月の最終清算日に繰り返されるおかしな動きは，趨勢的に続く上げ相場の陰に隠れ，あまり問題視されることもありませんでした。日経平均は連日のように高値更新を続け，とうとう年末の12月28日には史上最高値をつけたのです。

この清算に絡む問題は，日経平均が下げ相場に転じると当然ながら目立つようになり，やがて清算方法がSQ（特別清算価格）に変わり，オプションの週１権利行使も廃止されたことで解決しました。こうした問題点に気づくのに時間がかかったのは，関係者全員があまりにも経験不足だったということです。

⑵　年初からいきなり始まる下落

年末年始に何が起こったのでしょうか？

最高値で越年した日経平均は４万円を目指すどころか，大発会でいきなり500円を超える下落となりました。実はこの年末に，不動産融資の総量規制と営業特金の廃止の方向がひそかに決まっていました。不動産融資総量規制はやがてじわじわ効いてくることになりますが，営業特金の廃止は株価に直接効いてくるので致命的です。

営業特金※と，信託銀行が運用するファントラ※の残高はこの時点で43兆円に及んでいたといわれています。各社急いで営業特金の解消に動きましたが，とりわけ動きが遅れたのが山一證券です。山一證券は営業特金をうまく解消しきれず，一部を関連会社で引き取り，その後も関連会社間で飛ばし続けた結果破綻した話は有名です。

※営業特金：証券会社が運用の指図を行っていた特定金銭信託

※ファントラ（ファンド・トラスト）：信託銀行が企業等から金銭の信託を受け，信託銀行自らが運用していたファンド

日経平均プットワラント

そうしたお金の流れの逆流が起こったのと同時期に，シカゴ市場では日経平均を対象としたプットワラントが米国の投資家の間で活況を呈していました。

このプットワラントは，カバードワラントと呼ばれ，信用力のある発行会社が日経平均の下落に応じた償還金額を保証する有価証券です。経済効果は長期の日経平均プットオプションと同一です。買い手は日経平均が下落すればするほど利益が出る仕組みです。

日本株が下落に転じてから駆け込みで発行されたのではなく，**バブルの絶頂期に静かに発行が続いていました**。バブルで最高値をつけた日経平均は米国の投資家の間でひそかに格好のターゲットとされていたわけです。

資産バブルの崩壊

株式市場の下落が先行する中，そのほかのバブルの象徴である，不動産やゴルフ会員権，絵画等はしばらく上昇を続け，下落に転じるまでには少しタイムラグがありました。

日経平均はわずか３年で，高値から半値８掛け２割引の水準に当たる14,000円台まで下落しました。株式市場はここでいったん底をつけ，戻りは見せるものの新たな損失確定の売りに押される展開が長い間続きます。日経平均は２万円をわずかに超えるのが精いっぱいという状況でした。

そのほかのバブル資産は，株式よりも換金が容易でない分，下落スピードは遅く，より長い期間にわたって下落が続きました。特に不動産融資にのめり込んでいた銀行にとっては死のロードとなりました。借りた側だけではなく貸した側も担保不足に苦しみ，資金繰りができなくなった銀行の

破綻が起こり，銀行の合従連衡が進みました。

価格の下落が一段落した株式市場においても，バブルの清算はなかなか進みませんでした。高値で購入した株式を処分しきった投資家は，身ぎれいになったうえで日経平均先物や日経平均オプションを使ってこれまでの損失をカバーしようとゼロサムゲームの戦いに果敢に挑みました。一方で現物を処分しきれず，水面下で外資系証券の提供するデリバティブを使った違法行為すれすれのスキームを使って損失を先送りする財団や事業法人，地方金融機関が続出しました。結局，その大半が先送りした損失を回復できずに，その後大きな問題となりました。

⑶　日経平均先物悪玉論

損失先送りスキームでは，最終的には相場が戻ってくれなければ助かりません。助かるかどうかもわからないにもかかわらず，法外な手数料を払わなければなりません。損失を抱えたまま相場の回復を願う投資家は，日経平均先物を使って下げ相場で利益を狙う投機家たちに対して，非難の矛先を向けます。

やがて，先物があるせいで相場が下がるという論調へと変わっていきます。TOPIXの操作は難しくても，日経平均は投機家が寄ってたかって売り方に回れば簡単に下落し，下げ続ける日経平均を見た投資家が損失確定を急ぎ，さらに日経平均は下落します。投機家はそこで買い戻すという構図です。

日本経済全体としては，とにかく日経平均にこれ以上下落されては困ります。下げの片棒を日経平均先物が担いでいるなら，いっそのことコイツを売買しにくくしてしまえという動きとなるわけです。

⑷　３つの不活性化策

そうした世の中の意向を踏まえ，取引所と証券業界は先物を使いにくくする不活性化策を３つ採用しました。

- 委託手数料（まだ固定手数料の時代です）を２倍に引き上げ。
- 気配値更新を遅らせる。
- 注文が少しでもたまったらすぐに特別気配値にする。

手数料の引き上げはまったく効果がありませんでした。２倍に手数料が引き上げられたところで，現物株と比べれば，それでもまだ断然安いのです。筆者の記憶では，１枚2,500円程度が5,000円程度に引き上げられたと思います。それでも取引で最小値幅である１ティック10円抜けば十分利益は出ます。

次の施策である気配値更新を遅らせるという作戦も，完全に裏目に出ました。現値から30円程度動くような大きな注文を出すと，板上の最良指値と約定した後はその時点で売買が止められ，ただちに単独気配値にされてしまいます。いったん気配値になると最初に発注した注文は約定が全部終わらないまま板に残ってしまい，その後から来た注文がどんどん乗っていって特別気配となります。先頭だったはずが，後からきた人たちと同じ条件で気配値の中で並ぶハメになります。

また，指値をうまく使っていいところで約定したと思っても，うまく反対売買できるかどうかもわかりません。そうした運用が行われる状況では，板の上から短期投機筋の指値注文はどんどん消えていきます。板に残るのは腹を決めた長期投資家の注文だけとなり，板はスカスカ状態になります。また，いつ特別気配に巻き込まれるかわからない状況では，短期投機筋は指値で待つなんてことはせず，成り行きを使うしかありません。そうすると，ますます板は薄くなり，特別気配値だらけの状態となります。

場合によっては数十分後に100円，200円離れた値段で寄り付いては，またすぐに板寄せ状態を繰り返すようになります。

そのような先物市場としては意味をなさない状況が，指値が戻ってくるまで続きます。効果があるどころか，現物やシンガポールSIMEX（当時）を通じて市場の振幅を大きくしただけの大変不評な施策でした。値段がすぐにつくことは，瞬間的には大きな変動を生みますが，逆にそうした値段を狙った指値注文が入ることで板は厚みを増すということを誰も予想できなかったのです。

日経平均には関係なく**一瞬で値段がつく今の運用から比べると**，のんきな世界だったわけです。この不便な運用はしばらく続きました。やがて，なし崩し的に緩和されていきます。いつどのような手順で緩和が行われたのかが記憶にも記録にもないほど自然に解消されていきました。

第４節　刺客の登場

日経平均は日経平均で

先物不活性化策が不発に終わる頃，次に急浮上したのが日経300という新指数の導入計画でした。最終ボスキャラに選ばれたこの日経300は，日経225を倒すことを狙って生まれた指数です。もちろん，大証が先物とオプションを上場することになります。この日経300を盛り上げて，成功の暁には日経225を平和裏に葬るという段取りだったようです。そして日経平均といえば日経300のことになるはずでした……。

日経300は業界スタンダード

日経平均を倒すのは日経平均しかないというのは面白いアイデアです。もちろん仕様は単純平均ではなく運用業界のスタンダードである加重平均です。すでに，単純平均の弱点は見えていたので，日経平均をこの際加重平均に変えるというのは実に名案だったわけです。先物とオプションを大証に上場すれば，大証のメンツも立つわけですし。

大型新人

先物・オプションの上場に続いて，日経300ETFの設定も用意されました。ETFとはExchange Traded Fundという取引所で株のように売買できる投資信託のことで，当時はまだ新しい商品でした。本格的なETFが登場するということで，その面からも大きな期待が寄せられました。

期待と落胆

投信会社が有望新人である日経300ETFをまず小さく自己設定し，その後追加設定が連日行われました。今日は1,000億円，明日は2,000億円と機関投資家の申し込みがありました。バブル崩壊で低迷する株式市場にとって，連日のように行われる追加設定がいいカンフル剤になると，市場関係者の誰もが期待感を持って見守りました。

ところが，日経300ETFの追加設定が連日行われているにもかかわらず，株式市場は一向に上昇の気配をみせません。投信会社はせっせと組み入れに必要な株を買っています。日経300どころか，日経225もTOPIXも上がりません。それもそのはずです。日経300ETFを買った機関投資家が，その分に見合う現物株を同じ日に何食わぬ顔で売っていたのです。

要するに，機関投資家は新規のキャッシュを使ったのではなく，単に保有の株式を売って乗り換えただけでした。日経225先物の上場の際には日経平均は大きく上昇しましたが，今回のETF大量設定に期待して上昇にかけていた筋は，完全にハシゴを外されてしまいました。

改めて知る日経平均の強さ

結局，ETFの立ち上がりが不発に終わり，日経300先物とオプションも1994年２月14日の上場以降盛り上がりを見せることもなく，やがて市場の藻屑と消えていきました。

日経平均の名称や水準には馴染みがありますが，新指数の水準に馴染みはありません。過去の履歴もありません。関係者は大事なことをすっかり忘れていたのです。日経平均は過去の数字が生活に密着したメモリアル指数だということです。３万円の頃とか４万円寸前でという風に。日経平均は，日本の国民があの日あの時の昔の自分と結びつけることができる目印となる指数だったのです。

JPX日経400

JPX日経インデックス400という指数が2014年に公表され，同年の年末には先物取引もスタートしました。残念ながら，あまり盛り上がることもなく今日に至っています。

300でもダメ，400もダメということは，もう225しかないわけです。新しい指数を作るのではなく，日経平均自体を改良していくしかないということが改めて判明したのです。

第５節　30銘柄入れ替え

(1)　突然の発表

2000年４月14日（金）の引け後に銘柄入れ替えが突然発表されました。入れ替え基準は21日（金）の終値，変更実施は24日（月）からとされました。

運の悪いことに，米国のITバブル崩壊と重なる最悪のタイミングでした。なんと，入れ替え発表当日の夜，NYダウはその当時では史上最大の下げ幅に当たる617ドル安という試練を与えてくれるのです。米国株式市場暴落を受け，週明けの日経平均は1,426円の大暴落となりました。発表日の日経平均は最後の２万円台となり，その後2016年まで二度と２万円には手が届かなくなってしまいます。

前代未聞の資金移動

それどころではありません。インデックスファンド運用者および裁定業者は前代未聞の入れ替えへの対応でてんやわんやの大忙しです。日経平均に「とにかく連動」させるためには，除外される30銘柄を基準日の終値で売って，新規採用される30銘柄を基準日の終値で買わなければなりません。しかも，新規採用銘柄の合計金額が存続する195銘柄の合計金額にほぼ等しいわけですから，除外銘柄の売却代金に加え，**存続銘柄を半分売るリバランス**を行わなければ，買い付けに必要な資金は捻出できません。

これは，前代未聞の資金移動を引き起こすことになります。日経平均に少し詳しい方ならこれがどんな結果を生むかはすぐに想像できるはずですが，日本経済新聞社はこのような結果になるとは予想だにしなかったようです。

当時，日経平均に連動するポジションは３兆円近く存在すると推定されていました。これらのポジションを入れ替え日の前後をまたいで日経平均に連動させるためには，この３兆円のポジションの中から，除外30銘柄を全部売り，残る195銘柄の半分近くを売却して，その資金で新たな30銘柄を買うオペレーションが必要となります。

大きなハンディ

30銘柄の入れ替えによって，新しい日経平均を構成する225銘柄の株価合計は倍増し，新旧日経平均に段差が生じないように調整する新しい除数は入れ替え前のほぼ２倍になりました。１週間の周知徹底期間の間に除外銘柄は売られ続け，下げきったところで日経平均から外れました。その間ひたすら日経平均の押し下げ要因となってしまいました。新規採用銘柄は買われ続け，大きく上昇したところで日経平均に組み入れられました。組み入れられた時点で，新規採用銘柄は伸びきったゴムのような状態です。この歪みを背負い込んだ状態で，日経平均の連動性を維持するように粛々と新しい除数が決まりました。入れ替え後の日経平均は大きなハンディを背負うことになりました。

(2) 終わりの始まり

問題点の整理

この入れ替えの問題点はだいたい以下のように整理されます。

- 銘柄入れ替えの遅れ。なぜ，ここまで入れ替えをせずに放っておいたのか。
- タイミングの悪さ。よりによって，こんなITバブルの崩壊時に。
- 1週間の周知徹底期間。除外銘柄がその間に日経平均を押し下げる。
- 引け値を基準とした入れ替えの仕組み。新規採用銘柄は伸びきったところで指数に入る。
- 引け値保証という取引の仕組み。これが，基準日の大引けを動かす動機を生む。

タイミングについては，ITバブルの崩壊と重なったという運が悪かった面もありますが，それにしても間が悪いとしかいいようがありません。それはともかく，この入れ替えによって起こる影響への読みが甘かったことは否定できません。

この大胆な入れ替えによって，日経平均は絶対値で約2,000円を失いました。もし発表と同時に，即日入れ替えを実施していれば，その後に新規採用銘柄が買われ，入れ替え銘柄が売られることになりますが，この場合は日経平均型ポートフォリオ運用者がリスクを甘んじて受けて，時間をかけて入れ替えが行われることになったはずです。その結果，日経平均型ファンドやポートフォリオを持つ投資家は，入れ替え後の日経平均に対してしばらくの間連動性のリスクを負うことになりますが，それでも2,000円の下落を食らうよりは，よっぽどましだったはずです。

保有する資産は表面上，入れ替え前後の日経平均に連動していますが，絶対値で一気に2,000円の下落を食らっていることを気にしないというのは，まったくもってバカげた話です。ベンチマークの意味が問われる大きな出来事でした。

旧主軸よりもルーキーに過大な期待

除数がいきなり倍増したということは，トヨタ，日立などの存続銘柄群の指数に対する影響力はこの入れ替えによって突然半減したということになります。**実力は変わっていないのにいきなり貢献度が半分**に下げられたら，サラリーマンならやけ酒ものでしょう。

一方，新たに日経平均に対して半分の影響力を持つことになる新規採用30銘柄は伸びきったところで組み入れられたわけです。こちらは責任重大です。先輩たちの顔に泥を塗るわけにはいきません。しかし，1,500メートルを走り終え息絶え絶えの状況で，そのまま続けてマラソンに参加するようにいわれたようなものです。いくら新規採用銘柄の成長力が高いといっても，このハンディを取り戻すのは大変です。新しい日経平均は，査定を下げられた実力派居残り組と，過剰ワーク気味のルーキーという，ちぐはぐな組み合わせでスタートしたのです。

ダウ式計算方法からの離脱

これまでの日経平均の半分のウエートが別の銘柄に入れ替わってしまい，ただ数字としてはつながっているだけで，日経平均は一瞬でまったく別物になりました。**指数の半分のウエートが入れ替わるというのは前代未聞**です。どう考えても，継続性や連続性はありません。

日経平均は指標性が劣化したとして，マスコミや政府関係機関は日経平均に言及することをやめ，TOPIXを使うことにしました。

今度こそ本当に，日経平均は死んだと思った人も多かったはずです。このときの銘柄入れ替えに対する混乱が伏線となって，2005年の仕様変更へとつながります。

この大胆な入れ替えによって，日経平均は絶対値で約2,000円を失いました。新しく採用された30銘柄は伸びきったところで指数に組み込まれたので，日経平均は二重のハンディキャップを背負ったことになります。つまり，2,000円という絶対水準の喪失と新規採用銘柄が相当な割高水準からスタートしているということです。

(3) 新たな問題

しかし，日経平均はこのハンディを徐々に挽回し，アベノミクスによって始まった上昇相場の中でようやくNT倍率（日経平均をTOPIXで割ったもの）は入れ替え前の水準であった12倍台を回復しました。2,000円の消失分は，13年近くかけて解消されたといえます。

日銀の日経平均型ETF買い入れによる押し上げ効果も加わり，その後もNT倍率の上昇は止まらず，2021年に16倍まで上昇しました。**NT倍率の上昇は，日銀が日経平均型ETFの買いをやめたこと**でようやく収まりました。

2000年の30銘柄入れ替えの後遺症は，日経平均がTOPIXに追いついたことで一段落し，次第にこの時の混乱は忘れ去られるようになりました。一件落着と行きたいところですが，NT倍率上昇の大きな要因となった日経平均型ETFは，日銀が大量に保有したままになっています。

第6節　規制緩和

(1) 金融ビッグバン

2000年の30銘柄入れ替えと前後して，日経平均の取引にとってフォローの風が吹き荒れました。それが，金融ビッグバンです。経済成長の鈍化およびバブル崩壊によって空洞化しつつあった日本の金融市場を，ニューヨーク，ロンドンと並ぶ国際的な市場に変換し，日本経済を再生させることを狙う動きです。

金融ビッグバンという大きな流れの中で，有価証券の取引をめぐっていろいろな規制緩和が進展しました。何十年も放置されてきた取引制度に大きな変革があり，指数を取引するという観点では特に大きな変化がありました。

金融市場は様変わり

手数料自由化によって特に現物バスケットを市場で売買する手数料が大幅に下がり，機関投資家による指数連動型の運用が飛躍的に増えました。さらに市場集中義務が撤廃されたことで，市場外でも現物バスケットを自由に売買できる環境が整い，それが日経平均先物との間で相乗効果を生むことになりました。

個人投資家は，**組成コストが劇的に下がった日経平均型ETF**を個別株と同じ感覚で売買できるようになりました。

FXやCFDなどの証拠金取引もこのときに解禁され，FX版日経平均取引ともいえる日経平均CFDも登場しました。

また，IT技術の進展によってDMA（ダイレクトマーケットアクセス）が始まり，顧客がインターネットを経由して直接発注できるようになります。その後DMAにアルゴリズムを乗せて高速に自動売買するHFTが誕生していきます。

これを契機に，個人の短期トレーダーが急増していくことになります。日経平均先物やオプションで生計を立てる専業トレーダーが誕生したのもこのころです。

⑵ 商品拡大と取引時間延長

いまや日経平均はコンビニ並みのほぼ24時間営業です。特に夜間においては，ドル円とNYダウの動きに過剰に反応するだけの場合も多く，夜間の日経平均先物の取引は必要なしという強硬論があるのも事実です。しかし，すでにシンガポールSGXとシカゴCMEにおける取引は完全に定着しており，国内で夜間取引をやめたところで国内投資家の利便性を失うだけで，**日本の夜間に日経平均が海外市場で勝手に動くという事実**はもはやどうすることもできません。日経平均は，国内の意見だけでは動かせないグローバルな商品となってしまったのです。

夜間取引

大証が夜間取引を始めるまでは，海外市場における日経平均先物の夜間取引は外国人だけのマニアックなものでした。シンガポールSGXとシカゴCMEにおける取引は閑散で，数十枚単位の取引を行うのもなかなか大変でした。

日本の投資家が日経平均先物を夜間に売買するためにSGXやCMEにわざわざ口座を作るのは，コストもリスクも高くメリットはあまりなかったのです。外国人が翌日の日本市場がどの辺から始まるかを予測する，おっかなびっくりの市場でした。

その頃のCME日経平均先物は，ドル建てのほうが出来高も多く，朝の経済ニュースではドル建て日経平均先物がシカゴ日経平均先物として伝えられました。CME日経平均先物の終値は，あくまでも外国人が予想した日経平均の寄り付き予想だったわけですが，結果として鞘寄せしているように見えていました。

大証が夜間取引を始めたことで徐々に国内投資家が参入し，次第に流動性をつけていくようになります。明らかに夜間特有のおかしな動きも起こりますが，先物だけで独自に流動性ができてくると，参加者は翌日の寄り付きのことを意識しなくなり，利益を求めて目の前の動きを追うようになります。

そもそも，夜間取引というものは現物市場がない中での取引なので，いろいろな無理があるのは当然です。参加者の大半は投機目的ですから，独特の動きを見せても不思議ではありません。

それにしても夜間取引がここまで成長するとは本当に驚きです。そもそも日経平均先物は，導入当初から機関投資家のベンチマークであるTOPIX先物に勝てるはずはないといわれ続けてきました。バブルがはじけると悪役に仕立てられ，有形無形の仕打ちを受けながらもそれを乗り越えここまで成長したのです。

第７節　リーマンショックとアベノミクス

安倍晋三元首相は，リーマンショック前年の2007年９月に突如退陣し，結果的に，リーマンショック，ギリシャショック，東日本大震災で日経平均株価が低迷する時期をうまくかわしました。満を持して2012年12月に政権に復帰しました。民主党政権の間低迷していた日経平均は，衆議院解散が決まると同時に安倍元首相の返り咲きを期待し上昇を始めました。

政権復帰するときの公約が，「大規模な金融緩和によってデフレを脱却し，日本を取り戻す」です。公約はそのままアベノミクスと呼ばれる３本の経済政策にまとめられ，とりわけ１本目の矢である大規模金融緩和の実行を任されたのが黒田東彦日銀総裁です。

日本を取り戻す

2012年末に誕生した第２次安倍政権は，「日本を取り戻す」ことを高らかに宣言しました。そのために採用したのがリフレ政策です。それまでの日銀は，金融緩和を行ってはいたものの，その量が十分ではないとされたわけです。政権の意を受け就任した黒田日銀新総裁は，ただちに異次元金融緩和を打ち出しました。

異次元金融緩和

異次元金融緩和の目玉は，世の中があっと驚くほどの規模で国債買い入れを行うことでした。**これだけ徹底的にやればいずれインフレになると予想させ**，人々にインフレに備えた行動を取らせることで，マネーが循環し景気がよくなるという論法です。ひとことでいえば「インフレ期待」に働きかけるということになります。その規模の大きさから「黒田バズーカ」と呼ばれました。

「期待」というあいまいなものに働きかけるために，**前例のない規模，揺るぎない信念**というものが絶対に必要だったわけです。２年，２倍，２％というキャッチフレーズもインパクトを考えてつけられました。

世界経済は，各国が政策を総動員することでリーマンショック後の危機的な状態からはすでに脱していました。日本だけは金融政策が見劣りしたので回復が出遅れたと思われたところで起死回生の一打を放ったのです。

しかし，それから10年近く経過しても２％の物価上昇を起こすような経済成長はいっこうに起こらず，デフレとはいかないまでもディスインフレといわれる微妙なラインを彷徨っています。

黒田総裁は戦力の逐次投入は行わないと，最初から全力投球したものの，それが裏目に出て早々に打つ手がなくなってしまいました。物価はびくともせず，予想外の長期戦になったため，最初に導入された施策で残ったものはETFの買い入れのみという厳しい状況に陥ってしまいました。

日銀プレイ

金融政策決定会合が近づくと追加緩和に対する期待で市場は一時的に盛

り上がりを見せます。それはいつしか日銀プレイと呼ばれるようになりました。投機のにおいを適度に感じさせる絶妙なネーミングです。プレイという単語が本質をうまく表現しているように感じます。

日銀プレイの対象は，直接的には金融・不動産などのリフレ関連銘柄です。細かい日本の事情がわからない外国人にとって，日経平均先物はその中でも格好のリフレ銘柄でした。緩和期待で「日経平均が一気に動く」瞬間を狙ったのです。彼らは激しく動く商品なら何でもいいわけです。

いつしか，日銀の打つ手はほぼ尽きてしまい，残ったのは大量のETFと大きく歪んでしまった日経平均でした。

コロナショック

日本が金融緩和を続ける中，先進各国は金融の正常化に向かっていました。日銀の金融緩和も打つ手がなくなりかけてきたところに，新型コロナウイルスの大感染が起こりました。人々は対面による経済活動を行うことができなくなり，サービス産業は壊滅的な打撃を受けました。

金融政策が正常化に向かっていた先進各国は，再び金融を一気に緩めることで落ち込む経済を全面サポートできました。日銀にはほとんど有効な手立ては残っておらず，かといって未曽有の危機に対して無策でいるわけにはいきません。日銀はETFの買い入れを**年間最大12兆円まで拡大**するという奇襲戦法を繰り出すに至ります。1日で2,000億円という巨額な資金が株式市場に投入され，16,000円台に下落した日経平均を買い支えました。

19,000円が日経平均の平均買いコストといわれていたので，一時的に莫大な評価損を抱えながらも，日銀に残された手段はほかになかったのです。しかし，この最後の一振りが日銀ETFの買い入れ限界を示す結果となり，コロナショックの山場を越えた2021年に実質的な日銀の買い入れはついに縮小に向かいました。しかし，株式市場に残した遺産は巨額です。この遺産をどう着地させていくか，課題解決は次期総裁の手にバトンタッチされる見込みです。

第8節　取引所統合

2000年代に入って執行手段のハイテク化が進むと，先進国の取引所は地域を越えた合従連衡へ突き進んでいきました。世界中のどこにいても自在に発注できるようになれば，取引所の物理的な場所は意味を持たなくなるためです。

処理能力が増え，上場対象となる商品の多様化も進みました。現物取引だけではなく，ETFをはじめとしたパッケージ型の商品，発行体の信用力を後ろ盾にしたETN（上場投資証券），従来型の派生商品，ハイブリッドな相対取引商品，暗号資産，商品先物など取引所が対象とする金融商品は拡大を続け，それに対して大量の資金が流れ込んでいきました。流動性が流動性を生み取引コストを引き下げ，それがさらに流動性を生む。こうした大きな潮流の中で，日本という狭いパイの中で東証と大証が先物という限定商品をめぐってにらみ合っていたのではらちがあきません。

2013年１月，大阪証券取引所が東京証券取引所グループを吸収合併する方法で日本取引所グループが誕生し，東証・大証の現物市場が東証に統合一本化されました。翌2014年３月，東証のデリバティブ取引が大阪証券取引所に一本化されるとともに，大阪証券取引所は大阪取引所（大取）に社名変更されました。

この統合によってデリバティブ取引は大阪証券取引所が使ってきたJ-GATE※に統合され，立会時間の延長，J-NET市場※を使った柔軟な取引制度の採用，取扱銘柄の拡充を進めていくことになります。

※J-GATEとは，大阪証券取引所が2011年に導入したデリバティブ売買シス

テム。高速な注文処理能力を持つことで，投資家の利便性や国際的な市場間競争力を向上させることを目指している。

※J-NET市場とは，通常の競争売買市場によらずに，取引所会員があらかじめ決められた価格で売りと買いを持ち込んで取引を成立させる第２の市場。もともとは大阪証券取引所の現物株と先物・オプションの立会外取引のために使われてきたが，取引所統合により，先物・オプションに特化するシステムとなった。

第９節　増えすぎたオプション

統合後の大取は，矢継ぎ早に手を打っていきます。

2014年11月	JPX400先物取引の開始
2015年５月	日経225Weeklyオプションの開始
2016年７月	J-GATEのバージョンアップ
	東証マザーズ先物取引の開始
	JPX日経インデックス400オプション取引開始
	指数先物の日中立会開始時刻を８時45分に前倒し
	ナイト・セッションの立会時間を午前５時30分まで延長
2018年６月	フレックス・オプション取引開始
2018年７月	日経225先物と日経225オプションを最長８年先まで上場
2021年９月	日経225先物・オプションの夜間取引を午前６時まで延長
	日経225オプションは先物と同じ８時45分に取引開始
2023年めど	先物・オプション取引の祝日取引開始を計画

商品の多様化，取引制度の拡充を進める中で，主力商品であり大取のルーツでもある日経平均に関しては破格の対応が続きました。その結果，日経平均オプションの銘柄数が不用意に増えすぎ，取引の邪魔になる銘柄

が増えてしまいました。特に125円刻みの行使価格は，満期直前１週間ぐらいからは意味があるものの，３万円台を回復した日経平均にとって無用の長物です。同様にWeeklyオプションも必要ないと思います。

せっかくフレックス・オプションという制度を作り，機関投資家は自由に銘柄を選択できるようになったわけですから，むしろ上場銘柄数は絞り込んで流動性の集約を図るべきでした。

日本で先物取引が始まったころ，日経平均とTOPIXの差を決定づけたのがオプション取引です。TOPIXがプライム指数化していく中で再びオプションがクローズアップされ，TOPIXと日経平均の最後の戦いが起こったときに，増えすぎた銘柄数が日経平均の重荷になるのではないかと懸念しています。

第3章
日経平均，終わりの始まり

日経平均はすでに70歳を超え，人間でいえば後期高齢者入りが迫っています。長い歴史の中で参加者や取引手法が変わり，その影響を受けて採用銘柄の需給が歪み，日経平均が不思議な動きをすることが多くなってきました。そのたびに単純平均をベースとする指数の弱点が露呈しましたが，対症療法的に仕様変更を行うことでなんとか乗り切ってきました。

2021年に行われた仕様変更は，日経平均の存在意義を問う勝負手です。いよいよ日経平均の生き残りをかけた最後の戦いが始まったように感じます。

単純平均は，各銘柄の値動きがそのまま指数に反映され，単純でわかりやすいという点が最大の取り柄です。単純さを失う仕様変更の積み重ねは，必然的にさまざまな矛盾を生みます。問題点を解決するためにいろいろな変更が加えられ，日経平均はいつの間にか**何を表しているかひとことでは説明できない指数**になってしまったといえるでしょう。

ちなみに，本家のダウ平均はいっさい仕様変更を行っていません。日経平均とダウ平均は同じ計算方法を長く続けていましたが，今は計算方法および理念がまったく異なる指数です。今後の展望もおのずと異なってくるはずです。

本章では日経平均の歪みを起こした要因について掘り下げ，日経平均がこれからも生き残っていけるかどうかについて意見を述べたいと思います。

第1節　日経平均をめぐる需給の歪み

(1)　日銀のETF買い入れ

主力政策

日銀黒田総裁が2013年に始めた異次元金融緩和ですが，10年近く経過した今でも目標とするインフレ率２％が達成される気配はありません。２％

目標を達成するために多くの施策が投入されては修正を余儀なくされる中で，ETF買い入れだけはつい最近まで拡大に次ぐ拡大を続け，いつの間にか主力政策となっていました。

株式市場をなめた政策

筆者は，このETF購入に関しては最初から嫌な予感がしていました。素直な感想は，日銀は株式市場をなめていたと思います。**株式市場のメカニズムを無視した無謀な買い入れ**であり，今後最大の汚点になる可能性が高いと懸念しています。２年でうまくいかなかったら，このETF買い入れからは手を引くべきでした。２年でやめていたとしても，おそらくデフレに逆戻りすることもなく，その後の結果もほとんど変わらなかったと思います。

異次元金融緩和の開始以来，株価は趨勢的に上昇を続けました。株価という資産価格は上昇していますが，株価の上昇自体は目標ではありません。黒田総裁もことあるごとに，株価を引き上げる狙いはないと説明してきました。その代わりに，リスクプレミアムを引き上げるというわかりにくい表現を使ってきました。ほかの金融資産に比べ株式が割安だから，資産買い入れの対象にするということのようです。

リスクプレミアム

そもそもリスクプレミアムという概念自体，株式市場ではあまり使わない考え方です。決まった定義もありません。

また，資金供給サイドからみた場合，ETFを多少買い入れたところで量はまったく足りません。しかし，**株式市場からしてみれば常軌を逸する量**になります。

株価上昇が触媒となって世の中の金回りをよくして，やがて物価上昇につながるという考え方があります。いわゆるトリクルダウンです。日銀は決してそのような「下品な理屈」は使いませんでした。あくまでもリスクプレミアムというわかりにくいワードで押し通したのです。株価を上げる意図はないけれど，株に対するリスクプレミアムは引き上げたかったというETFの買い入れが始まって，すでに10年近く経過しています。

この間，欧米諸国の株価も同様に，あるいは**日本株以上に上昇**しています。もちろん，ほかの中央銀行で株の買い入れを金融政策として行った国はありません。

株価の上昇にETF買い入れがどれだけ貢献したのか？　もしETF買い入れを行わなかったら，株価および日本経済がどうなっていたのか？　についての厳密な検証はできません。日銀の大量購入がなくても株価は上昇していたという意見もあります。これについては，適当に前提条件を置くことでさまざまな分析が行われていますが，あくまでも机上の計算にすぎません。

日銀批判はタブー

理屈やメカニズムはともかく，ETFを買い続けている期間に結果として株価が上がっている以上，日銀によるETF買い入れの効果がなかったことを証明することは難しいようです。いわゆる悪魔の証明です。

したがって，ETF買い入れを否定する論拠は，どうしてもパンチに欠ける内容にならざるを得ません。主要証券のアナリストにとっても，この件に不用意に触れることはタブーでした。独立系のアナリストがガバナンスの弊害を取り上げたところで，**２％という崇高な目標に対してパワー不足感**は否めません。

裏ではいろいろなことがいわれていますが，表立って否定する意見は限定的だったといってもよいでしょう。だからなおさら，株式市場の最大の住人である証券業界が，早い段階で思いきってブレーキをかけるべきだったと思います。

日銀のETF買い入れの功罪に関して理屈を述べていても議論はかみ合わず，結論には至らないのです。そもそも，日銀がいうリスクプレミアムという概念自体，投資家心理の積み重ねであり結構あいまいです。毎回行われる日銀総裁会見での記者とのやりとりは，中途半端な理解のまま挑む質問ばかりで，話は毎回かみ合わず，もはやばかばかしくて見る気にもなりません。

結局，ETF買い入れが，物価目標はともかく日本経済の成長に寄与したかどうかの**最終的な結論は，数十年後**を待たなくてはならないのだと思います。

日経平均への影響

一方で，日経平均に与えた影響に関しては明らかです。その最大の証拠は，日銀が日経平均型のウエートを徐々に減らしていって最後には取りやめてしまったことです。それ以上の説明は，いまさら必要ないでしょう。

当初は発行済み残高に合わせてETFを購入していたので，残高の多い日経平均型ETFを約６割買っていました。ETFの新規設定はほとんどが日銀の買いに対応したものなので，このルールを続けている限り日経平均型ETFの残高がTOPIX型などほかのETFに対して相対的に増え続け，それが日経平均型の買い入れをさらに増やすという自己増殖サイクルに乗って，買い入れ比率が一段と高くなる仕組みでした。

さすがに，日経平均型の比率は明示的に徐々に減らされ，最終的には日経平均型の購入は取りやめることになりました。最初から日経平均型の購入を行わないことにしておけば，少なくとも日経平均の需給を歪めることもなかったのですが，おそらく異次元金融緩和は短期決戦で決着すると読んでいたのでしょう。

効果を明確に説明できないETFの買い入れをなぜここまで膨らませたのか？　弊害に気づく前にもっと早く日経平均型の買い入れを減らせな

かったのか？　そもそも資産買い入れの対象として株式が適切であったのか？　日銀内部の論理がどう展開していったのか？　などなど，気になることはたくさんありますが，本書の趣旨からどんどんズレてきますので，このぐらいにしておきます。

株券のやりくりは自転車操業

日銀による日経平均型ETFの買い入れは，浮動株の少ない値嵩株の需給に大きな影響を与えました。特に日経平均に占めるウエートが最も高いファーストリテイリング（Fリテ）の受け渡しは，自転車操業を繰り返す綱渡り状態だったと関係者から聞いています。

簡単に説明すると，日銀用にETFを組成するためには日経平均の現物バスケットが必要になります。現物バスケットを差し出してETFを受け取る仕組みです。現金の拠出では新規設定はできません。

日銀の買い入れは指定参加者と呼ぶ特定の証券会社を通じて行いますが，それに応じる証券会社はあらかじめETFそのものかETFといつでも交換できる日経平均の現物バスケットを在庫しておかなくてはいけません。裸で現物バスケットを保有すると損益が日々発生し，証券会社の自己資本に影響が出ます。そこで，**先物でヘッジして在庫**するわけです。

もし先物が割高な状態であれば，現物買い先物売りの裁定取引を行って在庫はいくらでも増やすことができます。しかし，先物はいつも割高な状態とは限りません。ディスカウントで推移することも多くなっています。日銀の買い入れに応じ続けていくと，在庫は自然に枯渇していきます。

そんな証券会社側の事情にはお構いなく，日銀は日経平均型ETFを買い続けました。証券会社は緊急策として，先物を買ってその代わりに借株したバスケットを受け渡しするようになりました。証券会社はETF運用会社にバスケットを雁首揃えて差し出すために，Fリテをはじめとする**受け渡しの難しい株をどこかから借りてこなければなりません**。その借り先が日銀の保有するETFからの貸株という，まさにタコが自分の足を食うような状態だったわけです。

需給がひっ迫している銘柄に対して，日銀の保有するETFから機動的に貸株市場に回せる限りにおいて，浮動株の枯渇もカバーできたわけです。しかし，これが健全な姿でないことは明らかです。日銀も10年近く経過して，ようやく異常事態に気づいたようです。

結局，日銀が日経平均型ETFを買い続けている間，一部の銘柄が極端に不足し，受け渡しが困難になる事態が頻発するようになっていました。

また，日銀が日経平均型ETFの買い入れをやめると宣言すると，こうした流動性の低い銘柄をひそかに買い集めていた筋が余分に買い貯めていた分の放出を始め，日経平均が不可解な動きをすることが多くなってきました。

そのような不可解な動きが起こる日経平均に対し，マザーズを好んで取引する個人投資家が，指標として日経平均の動きを見る必要性を感じなくなるのは自然な流れです。

⑵　デリバティブ型ETF（レバレッジ型やベア型）

２種類の指数連動型ETF

指数連動型ETFには大きく分けて２種類あります。１つが原株バスケットを資産として持つ通常型ETFです。このタイプのETFは新規設定と解約は現物バスケットを交換することで行います。新規設定と解約は大口投資家が指定参加者と呼ばれる特定の証券会社を通じて行い，一般投資家はすでにでき上がったものを市場で直接売買します。

日銀の買い入れ対象となっているのが通常型タイプです。日銀は市場で流通しているものを市場で買うのではなく，新規設定分を特定の証券会社を通じて買い入れます。もちろん市場で直接買うこともできますが，その方法は行っていません。

もう１つが，現物バスケットはいっさい持たずに先物だけで運用するいわゆるデリバティブ型のETFです。ETFの中身は現金と先物です。新規設定と解約はすべて現金で行います。日経平均に逆連動するベア型のほか，レバレッジをかけたブル型，ベア型があります。

個人投資家はデリバティブ型ETFが大好き

日経平均先物を取引するためには，先物口座を開設する必要があります。税制面でも先物の損益は現物株の損益と通算できないうえ，特定口座のような制度がないため毎年必ず確定申告で損益を申告しなければなりません。税率は申告分離の所得税15％＋住民税５％で特定口座と税率自体は変わりません。ただし，**先物の利益は国民健康保険料の計算対象**となるのに対し，特定口座内の損益は対象とはなりません。

現物との間で損益通算ができないこと，申告が必要なこと，国民健康保険料に影響が出ること，の３点が先物取引の弱点です。デリバティブ型ETFであればこのような面倒臭いことは起きません。信用取引を使えばレバレッジは６倍にまで増やせます。現物売買の片手間にやるのであれば，先物よりもデリバティブ型ETFのほうが圧倒的に便利なのです。

このような理由から，特定口座で現物と同じように売買できるレバレッジ型ETFは個人投資家に絶大な人気があります。旺盛な需要に応えるため多くの運用会社が発行していますが，野村アセットマネジメントの運用するETFがシェアの大半を占めています。

レバ（レバレッジ型）ETFといえば野村NEXT FUNDS日経平均レバレッジ・インデックス連動型上場投信，ダブ（ダブル・インバース型）ETFといえば野村NEXT FUNDS日経平均ダブルインバース・インデックス連動型上場投信を指し，デリバティブ型ETFの代名詞となっています。

表側の需給特性

個人投資家の多くがこのデリバティブ型ETFを中長期狙いの逆張りで使っています。特定口座が使えるので現物株の損益と簡単に通算でき，ヘッジ目的にも使えます。何となく日経平均が下げすぎだなと思えば，いつでも買うことができるのです。

下げすぎだと思える局面ではブル型が，上げすぎだと思える局面ではベア型の需要が多くなり，ETFに内蔵されている先物に対して割高になります。こうして逆張りした投資家が利益を確定する局面になると，デリバティブ型ETFは内蔵されている先物よりも割安になります。

そこに生まれる鞘を狙って裁定業者が先物とデリバティブ型ETF間の裁定取引を行い，**個人投資家の需給が市場の歪みを通じて先物市場に伝わります**。

このように個人投資家が日経平均の動きに対して逆張りすることでボラティリティー（価格の変動率）を抑える力となります。これがデリバティブ型ETFの表側の特性です。

裏側の需給特性

デリバティブ型ETFにはもう１つ，裏側の特性があります。表側の特性は日経平均の水準によって周期的に表れるのに対し，**裏側の特性は引けにかけてのリバランスとして日々現れます**。

ここはややこしくて混乱しやすいのですが，表側は逆張り圧力を生み，裏側は順張り圧力を生むという正反対の働きをするのです。市場にとって，この裏側の特性は非常に厄介な存在です。

投資家が逆張りでデリバティブ型ETFを買うと，裁定取引を通じて残高が増え，**残高が増えると裏側の特性がより強く働く**ようになります。この裏側の特性は引けにかけての先物の集中売買を生むので，相場展開によっては，日経平均が午後３時に確定した後に先物が数百円動いてしまうこともあります。

残高が積み上がると自分の首を絞める

かつて，レバETFの残高が１兆円まで膨らみ，そのETFからのリバランス売買だけで大引けにかけ数百億円の売買が行われる異常な事態となり，市場の混乱が拡大しました。発行会社の自主的な判断で，残高が適正レベルに戻るまで新規設定が停止されるという事態が起きています。

デリバティブ型ETFの保有者にとっては，自らが保有するETFのリバランスの売買で損失が拡大するという，まさに飼い犬に手をかまれる現象が起きてしまうのです。いったん膨れ上がった残高が減少に向かうためには，デリバティブ型ETFの超過需要が解消されるのを待つしかありません。つまり，ETFの買い手があきらめて投げてしまうか，利食いになる水準まで日経平均が戻るかのどちらかしかありません。

そうした意味では，このデリバティブ型ETFは，日経平均のような**脆弱な指数を対象にすると非常に厄介な商品**だといえます。

日銀による通常型ETFの買い占めで，値動きがおかしくなっている日経平均に対して，デリバティブ型ETFの残高が再び増加すると，想像を絶する悪夢が出現する可能性があります。

デリバティブ型ETFが引き起こす超短期的なオーバーシュートという歪みは，相場が反転し残高が徐々に減少に向かわない限り弱まることはありません。日経平均は大きな爆弾を抱えながら，日々大引けを迎えているのです。

(3)　順張り投機家の増加

日経平均はグローバルな商品

日経平均先物は大阪取引所だけではなく，シンガポールのSGX，シカゴのCMEでも取引されており，ほぼ24時間売買できる体制が整っています。

通常の円建て取引のほか，シカゴのドル建て取引はドル円の影響を受けずにドル資金で直接取引できる商品として，ドル資金を運用する外国人投資家に人気があります。

大阪取引所の日経平均先物が世界中に広がる日経平均取引の需給の大元となりますが，他市場を合わせた取引高は大阪を上回っており，大阪の取引だけを見ていても，大きな動きや不思議な動きの全貌はつかめない状態になっています。

大阪取引所が発表する手口だけを分析して解説する人もいますが，特にABNアムロやBoA証券などのグローバルにディスカウント執行を提供する外資系証券の手口は，ほとんど参考になりません。他市場も含めて裁定取引を行うHFTファンド勢がこうしたグローバルディスカウンターに紛れ込んでいるからです。

先物だけではなく，先物をベースにしたCFD（証拠金による差金決済取引）も大小無数の会社から提供されています。国内投資家は，わざわざSGXやCMEの口座を持たなくても，そこで取引される価格に連動するCFDを使えば，日本が休日の場合でも，日経平均を売買することができます。なお，大阪取引所は海外他市場やCFDに対抗するため，祝日取引を行う予定となっています。

無慈悲な曲者たち

日経平均先物がこのような形でグローバルに展開する中で，日経平均先物の値動きだけに着目して取引する投資家が趨勢的に増加してきました。金利・債券ファンドやマクロ系ヘッジファンドの一部，CTA（商品投資顧問）が運用するトレンドフォロー型のファンドなどです。

彼らはトレンドに愚直に乗ってくるので，値ごろ感とかそろそろとかいう主観は入りません。ひたすら無機質な売買を繰り返します。日本市場の特異性や日経平均の特性をよくわかっている投資家の比率が減っているのに加え，日銀が日経平均の死蔵大株主として日経平均構成銘柄の流通量を抑えているので，**無機質な売買が短期的なトレンドの決定権を握る**ようになってきました。

彼らは日経平均を取り巻く複雑な事情にはお構いなく，日経平均を単独の商品として捉え，流動性とトレンドさえあれば，大量に売買する無慈悲な曲者です。日本の事情を熟知してボトムアップで日経平均を売買する投資家は，ひとたまりもありません。

(4) 高速取引

高速取引とHFT

高速取引のうちアルゴリズムを使って高頻度（高速に指値の出し入れを繰り返す）に取引するものをHFT（高速高頻度取引）と呼びます。高速取引のうち最も大きな勢力は，成り行き注文を使わず指値の出し入れを繰り返すHFTです。HFTの特徴はIOC（発注して約定できない場合はただちに取り消しする注文）の使用頻度や板に乗った指値を取り消す比率が高いこと，その結果として極端に約定率が低くなっていることです。

金融商品取引法に基づいて高速高頻度取引を行う業者は登録されており，経由する証券会社を通じてある程度の実態は把握できるようになっています。ただし，高速高頻度取引を明確に定義することは難しく，国によっても異なる定義が採用されているのが実情です。そのため，無登録で実質的な高速高頻度取引を行っている潜り業者の実態把握は難しくなってはいますが，東証全体の注文件数の約７割が高速高頻度取引によるものと考えられています。

HFTとアルゴ

HFTとアルゴ（アルゴリズム取引）が混同視されることが多いのですが，この２つはまったく別の概念なので，区別して理解しておいたほうがよいでしょう。HFTは高速高頻度で自動売買するために高度なアルゴリズムを使用します。そうした意味合いからHFTをアルゴと呼ぶのは問題ありません。しかし，逆は必ずしも真ではありません。

アルゴリズム取引は単純なものからAIを使った高度なものまで多岐にわたり，アルゴは必ずしもHFTではありません。例えば，証券会社の提供する逆指値注文や個人投資家が作った簡単な自動発注のプログラムは，アルゴリズム取引ではありますが高速高頻度ではありません。

個別の株式に対して投機的な売買を高速高頻度に行うアルゴリズムもありますが，**単に高速高頻度に投機的な売買を繰り返したからといっても，大して儲かるものではありません**。大多数のHFTが行っている流動性供給型の鞘抜きにはかなわないのです。

鞘抜き

HFTの主戦場になっているのが，日経平均に関連する商品や日経平均に占めるウエートの高い銘柄を対象にした鞘抜き取引です。鞘抜きの対象となる組み合わせは，ラージ先物とミニ先物間を筆頭に，期近と期先の先物，先物と日経平均オプション，先物とデリバティブ型ETF，先物とウエートの高い指数構成銘柄となります。

また，日経平均構成全銘柄を対象にしてアルゴリズムを使って高速で指値を出し入れし，現物先物間の裁定取引も行います。もちろんTOPIXを対象にした裁定取引も行いますが，日経平均のほうが個人投資家の参加が多い分，収益機会も多いのです。

実質的に同じものであったり，連動性が極めて高かったりするこれらの商品や銘柄に対して，ミニ先物の動きに合わせた指値を高速で出し入れして鞘を抜きます。基準となる商品の値動きの特徴を定式化（アルゴリズム化）し，**ミニ先物の板の厚みやティックの動きに合わせて他の商品を高速でマーケットメークしている**と理解すればよいと思います。

例えば，SBGやレバETFなどに高速で出現する指値は，ミニ先物の売買状況に合わせて行われているものが大半です。先物の板の厚みが少し変わるだけで敏感に反応します。もちろん，それ以外のロジックで動いている高速自動売買取引も混じっています。しかしながら，成り行きを使った攻めのロジックによる投機的な取引は，鞘抜きを狙ったものに比べると圧倒的に少ないと思います。

現物先物間の裁定取引

現物と先物間の裁定取引も，現物バスケットを全銘柄同時に売買するような悠長なことはやっていません。10年ぐらい前まではそのような方法でもわずかに利鞘はありましたが，高速自動売買がしのぎを削るようになった現在，全銘柄同時に売買を行う裁定取引からはほぼ利益は生まれません。

全銘柄同時に執行する古典的な裁定取引を行っている業者は，ETFの組成や保有残を貸株に回すなど，ほかで活用することで利益を得るのが主目的であり，この場合の裁定取引は**あくまでも在庫確保のための手段の1つ**といえます。

HFTを使った裁定取引では，先物の動きに合わせながら期待利益および約定確率と現状のポートフォリオの残余リスクを瞬時に再計算し，未約定銘柄の指値を高速で動かしていきます。こうしたHFT取引の結果として裁定ポジションが完成したとしても，必ずしも裁定取引としての報告義務はありません。

順張り型投機的売買

イベントや指標，決算発表，要人発言に反応して先物を高速売買するタイプのアルゴリズムは当たり外れが大きく，先着数名に入りなおかつ同じようなロジックによって後から追随する投資家がいなければ確実に利益が上がるというものではありません。

せっかくの高速高頻度を生かすなら，わざわざそうした当たり外れのある戦略を採用するよりも，**商品間の鞘抜きを堅実に狙う保守本流のアルゴリズム**に徹したほうが賢明です。順張り型高速売買はどうしても当たり外れが大きいため，業者の淘汰は常に起こっています。

このような現状ですので，日経平均の中長期的なトレンドを生む取引は高速取引業者が引き起こすのではありません。そもそもトレンドに乗るのが狙いなら，必ずしも先着数名である必要はありません。執行は遅いよりも早いほうが多少有利になるかもしれませんが，それよりも売買判断のロジックの組み方および環境変化に合わせた修正のほうが重要となります。

重要なポイントをまとめると，いわゆるHFTと呼ばれる高速高頻度取引は日経平均や市場全体の短期的な歪みを是正する役割を果たし，トレンドを作り出す勢力は必ずしも高速高頻度であることを必要としていない勢力ということになります。

第2節　グローバルスタンダードへ舵を切ったTOPIX

⑴　日経平均はしばらく安泰

TOPIX先物と日経平均先物はこれまで30年以上にわたって競い合って成長してきました。機関投資家はTOPIXをベンチマークにしているのでTOPIX先物のほうが有利なはずですが，これまでのTOPIXにも問題点があり，なかなか日経平均に決定的な差をつけられずにいました。

2013年に東京と大阪の取引所が統合されたことで，これまでのように東西に分かれて先物を必要以上に競い合う必要はなくなりました。先物を管轄することになった大阪取引所は，しばらくの間は日経平均に重点を置いて制度を変えてきたように感じます。日経平均に対する思い入れもあるでしょうが，オプションをはじめ日経平均に絡む商品のほうが市場でたくさん取引されているためだと思います。

潮目の変化

日本取引所グループは2019年に入り，現物市場構造を再編成する作業に着手しました。そうした流れの中で，TOPIXが見直されることになりました。

これまで日経300やJPX400という加重平均型の指数が導入され先物取引の対象となりましたが，今一つパッとしませんでした。日経300は日経平均の刺客として投入された指数ですが，その役目はまったく果たせませんでした。指数は引き続き算出されているものの，先物とオプションはともに取引休止（実質的には上場廃止）となってしまいました。

そこで市場構造の再編に合わせて，TOPIXをこれまで以上に推進していくというのは自然の流れだと思います。

TOPIXよ再び

TOPIXはほかの先進国の代表的な指数と比べると，なんといっても銘柄数が多すぎました。東証第1部にいったん上場すると特別な事象でもない限り居続けることができたからです。東証第1部に上場されているという理由だけで業績もパッとせず，企業改革の意思も感じられず，流動性の低い銘柄であってもTOPIX連動運用として一定の買いが入り続けるのです。当然，価格形成にも歪みが生じていました。TOPIX連動型運用の広がりが，そうした弱点を増幅してしまいました。

大阪取引所としても，日経平均は知名度で勝るものの指数としての欠点が多いうえ，頼みのTOPIXも世界と戦ううえでは力不足という状態だったわけです。そこで，日経平均は日本経済新聞社主導でこのままローカル指数として行けるところまで突っ走ってもらい，自分たちは焦点を

TOPIXに絞り，世界に通用する指数に向けて改革を進めていく方針になったのではないでしょうか。

2022年４月に市場区分の見直しが行われ，TOPIXは徐々にプライム指数化していく中で筋肉質な指数に生まれ変わっていく予定です。TOPIXの中身が変わることによって，TOPIX先物は特別な変更を施さなくても，徐々に実質的なプライム先物へと変貌していきます。

(2)　流動性を基準とした加重平均

浮動株を基準とした指数への変更

TOPIXは日経平均に20年あまり遅れて，1969年に公表が開始されました。東証第１部上場株の時価総額の合計を終値ベースで計算し，基準日である1968年１月４日の時価総額を100として指数化したものです。日経平均と異なり，採用銘柄を選別する必要がないため入れ替えをめぐる混乱は起こらず，仕様の変更もほとんど行う必要はありませんでした。

それに代わる大きな問題であったのが，企業間の持ち合いによる時価総額のダブルカウントです。この問題を解消するために，これまでに唯一ともいえる仕様変更が行われ，世界標準に近づく第一歩を踏み出しました。それが，2005年，2006年に３回に分けて行われた浮動株を基準とした株価指数への移行です。

しかしながら，東証第１部の銘柄すべてを採用するという枠組みはそのまま残され，銘柄数が膨れ上がるばかりでした。

プライム指数への脱皮

そこにわいてきたチャンスが，コーポレートガバナンスの強化という市場構造変革の動きです。企業に対しコーポレートガバナンスに対する方針と取り組みを迫り踏み絵をさせ，新しく編成する新市場区分に見合った改革を迫ったのです。

2022年４月にいったん企業は新市場区分に振り分けられ，プライム市場の上場維持基準に適合していない企業（2022年１月現在617社）も当面TOPIXの計算対象に含まれますが，その後の定期的な審査で段階的にウエートが減らされます。TOPIXは徐々にプライム市場銘柄を中心とするプライム指数化していくのです。

プライム指数化していくTOPIXは，グローバルスタンダードに沿うものであり，何を表すかよくわからなくなった日経平均を凌駕していくことは間違いないでしょう。

第３節　225という銘柄数へのこだわり

(1)　2021年10月の変更

現物市場構造の改革が最終調整段階に入った2021年春，日経平均株価の算出要領と構成銘柄選定基準の変更案が発表されました。取り急ぎ行ったコンサルテーションでおおむね賛同を得たことで，2021年10月から日経平均株価に新たな変更が行われています。けっこう駆け足で決まったように感じます。

新しい方式によってキーエンス，村田製作所，任天堂の３銘柄が採用され，日経平均を計算する際の株価換算係数はそれぞれ，0.1，0.8，0.1に設定されました。

これまでの採用方法では，除外銘柄に比べ採用銘柄の価格が高ければ，日経平均連動型運用の大半は，株価の高い採用銘柄を買うために既存の銘柄をまんべんなく売って購入資金を捻出する必要がありました。新しい方法でもそうした作業は発生しますが，新規採用銘柄のウエートを株価換算係数を適用して引き下げることで，これまでに比べ資金移動を格段に少なくすることができました。

2000年の30銘柄一斉入れ替えの際には，高株価な30銘柄を一気に採用したため，既存銘柄の半分を売らなければ新規採用銘柄を買えないという，大きな資金移動が起きています。そうした経験から，高株価銘柄の採用は高株価銘柄を外すタイミングでしか行えないという不文律となっていたようです。

⑵　新しい算出方法の概要

変更の骨子は次のようになっています。

- 日経平均の指標性を維持する。
- みなし額面換算による株価調整を株価換算係数に変える。
- 上場後値嵩株になった銘柄の計算方法は変えない。
- 新規採用銘柄の株価換算係数は原則１とするが，採用時点のウエートが**１％を超えないよう最大９割減**する。
- 定期銘柄入れ替えは**最大３銘柄**とする。
- 大幅な株式分割・株式併合に対する調整は，従来のみなし額面を使った調整と同様の方法で行う。
- 大幅な株式分割・株式併合ではない場合と構成銘柄の入れ替えの場合は，引き続き除数の変更を行う。
- **選定の対象は東証プライム市場**とする。
- みなし額面による修正を株価換算係数に置き換えたときに修正しきれない部分は除数の修正を行い，除数は小数点以下８位までとする。

算出方法変更の背景

こうした奇策とも思えるような変更を行った背景として考えられるのは，日経平均株価は225銘柄でなくてはならないというこだわりではないでしょうか。業種を分散させて225銘柄を選ぶと，どうしても低位株をある程度採用せざるを得ません。新規に採用される候補銘柄は高株価なことが多いので，どうしても銘柄入れ替えに際し大きな資金移動が起こってしまいます。そもそも，225銘柄を業種分散し単純平均するという考え方自体，指数の作り方としてふさわしくなかったのではないでしょうか。

どうせ仕様を変更するのなら，思い切って採用銘柄数を50ないしせめて100銘柄ぐらいに減らしてハイテク中心の指数にしてしまってもよかったのではないかと思います。業種の分散は加重平均型に任せておけばよいのです。

225という数字自体にもともとあまり深い意味はありませんし，日経平均の正式名称は日経平均株価です。採用銘柄数が仮に50になったとしても日経平均と呼び続けることに大きな問題はないはずです。

第４節　生き残りをかけた戦い

(1)　価格平均指数

日本経済新聞社の説明

日本経済新聞社は，現在の日経平均株価の説明に「単純平均」という表現は使わず，市場流動性とセクターバランスを考慮して東証プライム市場に上場する225銘柄を選定し，その株価を使って算出する**「価格平均指数」**であると説明しています。確かに任意の係数を使って価格調整した平均指数ではありますが，当初の単純平均ではありません。この価格調整対象銘柄は今後もどんどん増えていくことが予想され，日経平均はいったい何を平均しているのか？　という状態に陥ることは間違いありません。

グローバル化するTOPIXに対抗してローカルな指数として生き残るためには，そうした問題は飲み込むしかなかったのかもしれません。

ローカルに生き残る

日経平均は当初は単純平均からスタートしましたが，銘柄入れ替えや株式分割時に起こる大規模な資金移動を避けるように計算方法を変更してきました。産業構造を的確に反映するために一気に行った2000年の30銘柄入れ替えという大手術が迷走の起点です。日経平均は迷走を続けながらも指数としての連続性だけは保たれるように調整されており，過去の数値と一応比較することはできますが，もはや別の指数といってもいいほど計算方法が変わっています。過去の水準と比較したりチャート分析したりすることはあまり意味があるとはいえません。

TOPIXがグローバルな投資家をより意識した指数に改変する方向に舵を切った以上，TOPIX先物は日経平均先物を凌駕していくことは間違いないでしょう。日経平均は生き残りをかけて独自性を追求していかざるを得ません。ここ数年でTOPIX先物の売買高が日経225先物を上回るようになっており，日経平均の動向を無視する個人投資家も次第に増えています。

特に先物の出来高の主役交代は気になるところです。もともと，先物取引が始まった時，日経平均の先物が果たしてニーズがあるのかという手探り状態でした。業界関係者の間でも圧倒的にTOPIXが有利だという意見が多かったと思います。ところがいざ蓋を開けてみると，日経平均先物は予想以上に善戦し，遅れて始まったオプション取引ではTOPIXがまったく振るわず，オプション取引の追い風を受けて日経平均優勢が決定づけられました。30年以上経過してようやく，先物の主役が交代しかけているといってもよいでしょう。

(2)　同調圧力

過去の最高値

日経平均株価がおかしな動きをして，その説明ができなくなる場面も増えているのに，なぜいまだにテレビやネットの解説では日経平均が使われるのでしょうか。これまでにも何度か報道機関が足並みをそろえ，日経平均を使うのをやめるという動きはありました。しかし，いつの間にか日経平均に戻ってくる結果に終わっていました。

一番大きな理由は，いまだに投資家の多くがバブル崩壊前の高値を日経平均で覚えているということだと思います。正確な数字までは覚えていなくても，ほとんどの投資家は39,000円とか４万円の手前ぐらいということは知っています。

それに対してTOPIXのバブル崩壊前の高値を覚えている人はほとんどいません。いるとすればよっぽどマニアックな人でしょう。かくいう筆者もTOPIXの高値は覚えていません。無視するつもりはないのですが，過去の相場が日経平均と完全にリンクして体にしみついてしまっているのです。これをリセットしていまさらTOPIXとリンクし直すことは難しいのです。

相場のほうは，2020年のコロナショックからの戻りに弾みをつけてバブル後の高値を超え，日経平均は３万円台に乗せました。過去の高値である39,000円や４万円が見えてきましたが，当時の日経平均と今の日経平均はまったく違うものになっているにもかかわらず，ほかの投資家が同じように意識しているので，こうした数字をあながち無視することもできません。意味がない数字だとわかっていても，ほかの投資家が意識するからというのが日経平均から離れられない最も大きな理由だと思います。

日経平均の寿命は先物次第

今後も日経平均は存続していくのでしょうか？

これはどれだけ多くの投資家が日経平均に関心を持ち続けるか次第だと思います。指数としての日経平均は確かに存続するかもしれません。しかし，先物やオプションをはじめとする派生商品は少しずつ衰退が始まるのではないかと思っています。

その運命は，先物がすべてを握っているのではないでしょうか。今後先物の出来高がTOPIX中心となり日経平均先物の出来高が細っていけば，関連商品の組成がだんだん難しくなってくるでしょう。

日経平均の関連商品を提供するためには，**先物は心臓に当たる重要な部品**です。現物だけの対応ではどうしても機動性にかけ，量もさばけません。そのいい例が旧マザーズです。マザーズの銘柄やマザーズ指数は個人投資家に欠かせない存在でしたが，マザーズ先物の流動性が十分でないため，マザーズの関連商品を提供することが非常に難しかったのです。

先物の取引が減少していくと，日経平均関連商品もおのずと先細りの道をたどらざるを得ないでしょう。

キーとなるオプション取引

次のキーポイントはオプション取引です。今のところ日本では日経平均オプションしかまともに取引できませんが，TOPIXがプライム指数へと変わっていく中で，オプション取引が復活してくる可能性も十分考えられます。

日経平均オプションは，ただでさえ少ないオプション取引参加者に対し，銘柄数や行使価格を増やしすぎてしまったことが，これからあだになってくると思います。

125円刻みの行使価格の導入やWeeklyオプションの導入は投資家の利便性を図ったつもりでも，逆に**需給の分散化が起こり，流動性の低下や出来高の減少**を招いてしまったと思います。特に125円刻みの行使価格は日経平均が１万円時代の名残としかいいようがなく，日経平均３万円時代には無用の長物でしかありません。

８時45分の取引開始

2021年８月に始まった８時45分からの取引開始は，日経平均オプションにとって危険な賭けでした。今後の衰退の起点となるかもしれません。

日経平均オプションの流動性はマーケットメーカーの手に委ねられています。マーケットメーカーがオプション価格を計算するためのアルゴリズムさえ設定すれば，あとはロボットが自動的に先物の動きに合わせて高速に指値の出し入れをしてくれます。銘柄数がどれだけあろうとも適切なパラメーターを設定さえすれば問題はありません。

とはいっても，すべてを自動で走らせることは危険です。実需を提供してくる投資家の行動も考慮しなければなりません。設定しているパラメーターの変更や，自動売買の停止や再開を判断する**熟練したトレーダーの読みと勘が絶対に必要**です。

現在，日経平均オプションの８時45分の寄り付きは非常に不安定です。数少ない投資家の注文が多くの銘柄に分散されているため，マーケットの実勢がつかみにくく，マーケットメーカーはいきなり板上に指値を出せません。これまでのところ，同じ時間に始まる先物の値動きや板の形状を見ながら数分後に主要な銘柄に限ってようやく指値を出しているようです。

そのような状況ですから，投資家は８時45分の寄り付きには危なくて成り行き注文は出せません。マーケットメーカーにとっても寄り付きの成り行き注文はおいしい「カモ」なので，十分ひきつけながら鞘をきっちりと抜いていきます。

投資家は，安心して成り行き注文を発注できない商品を次第に敬遠するようになります。指値を使えばよいことはわかっていますが，寄り付き前にしか注文を出せない投資家も大勢います。指値注文では約定が約束されないので，こうした投資家の足は自然と遠のきます。

また，証拠金不足となった時に証券会社によって行われる強制決済は成り行きで発注され，とんでもない価格で約定が成立するケースも散見されます。

このような状態になることはある程度予想されていたにもかかわらず取

引開始時間を８時45分に前倒ししたことはかなり危険な賭けとしか思えません。プライム指数化していくTOPIXが個人投資家にも受け入れられ個人投資家を巻き込んでTOPIXオプション取引の再活性化が起これば，日経平均オプションは一気に衰退していくかもしれません。

日経平均オプションに30年以上かかわってきた身としては，あまり起こってほしくないシナリオです。

(3)　終わりの始まり

日経平均というブランド

取引所が併合されるまでは，旧大阪証券取引所が日経平均を推進する強力な共同スポンサーでした。統合後は，大阪取引所も日経平均にこだわる意味合いが薄れました。取引所自身も日経平均の制度設計には手を出せないため，おのずと軸足は勢いがあるほうに向かうはずです。そうした雰囲気をかぎ取ったのか，日本経済新聞社は日経平均に急遽株価換算係数を導入し，値嵩優良株の採用に道を開いたのだと思います。

現在の日経平均は，不安定な指数という本質はそのままで，さらに指数としての意味がわかりにくくになっています。指数としての意味がわかりにくくなっても投資家さえついてきてくれれば問題はありません。日経平均先物の流動性さえあれば，ヘッジファンドやCTAは喜んで取引を続けるでしょう。また，日経平均の関連商品も日経平均先物さえ廃れなければ組成は可能です。日本経済新聞社は日経平均株価というブランド名と数字の継続性を命綱にして，日経平均をローカル指数としてなんとしても存続させていこうとしているのではないでしょうか。

唯我独尊

日経平均は2005年以降，単純平均でもなく加重平均でもない独自の路線を歩いてきました。そう割り切ってしまえば，人気値嵩株を取り入れるために多少の変更を行っても大勢に影響はありません。2021年の変更はまさに生き残りをかけた賭けだと思います。

これに対して大阪取引所はあまり積極的な反応を見せているようには見えません。むしろ，日経平均に関しては先物やオプションの銘柄を増やせるだけ増やして，あとは市場にお任せという感じです。日経平均に対してはやることはやったとして自然体で臨み，むしろ市場構造改革の一環として期待がかかるプライム指数化していくTOPIXに軸足を移していくような気がします。

大阪取引所が音頭を取って日経平均先物や日経平均オプションを喧伝した時代は終わりました。そうなると，日経平均は意外と早いうちに，過去の記憶だけが頼りになるローカルな指数に成り下がるシナリオが現実味を帯びてきます。仮にそうだとしても，ここまで多くの問題を抱えながら日本を代表する指数として存在してきた歴史が突然消えることはありません。

いじり過ぎ

日経平均の歴史を振り返ると，**「寄ってたかって，いじり過ぎた」**ことで必要以上に重宝されたということに尽きます。オーナーサイドは銘柄入れ替え，計算方法の変更を繰り返し，運営サイドはオプションや期先の銘柄数と取引時間をどんどん増やし，日銀は買いすぎたということです。

日経平均はいろいろな方法でいじられすぎて，気がついてみればとんでもない作品になっていたのです。

日経平均は，つぶされそうな時代には自力でことごとくそれをはねのけてしぶとく生き残り，生き残りの勝負をかけようとした途端衰退が始まる天邪鬼な指数なのかもしれません。

第4章
日経平均絡みの取引と需給

日経平均をトレーディングする商品や方法は，たくさんあります。日経平均に絡む取引は，それぞれお互いに複雑に影響を与え合っています。日経平均のトレーディングをするうえで思わぬ落とし穴にはまらないためには，日経平均に絡む取引の全貌をおおまかに把握しておく必要があります。

本章では，日経平均に絡む主な取引とその結果発生する需給について説明します。本章以降では，裁定業者，高速高頻度取引業者（HFT），マーケットメーカーという表現が何度も出てきます。この３者はほぼ同じようなことをやっており，厳密に区別することはできません。本書においては，裁定業者の表現は最も広い概念として，HFTの表現は高速高頻度取引を使った特殊な裁定業者として，マーケットメーカーの表現は機能に焦点を当てた表現として使っています。

第１節　裁定取引

日経平均の周りで発生する歪みや鞘を狙っていけば，日経平均がどんな動きをしようとほとんど関係なく利益を狙うことができます。こうした歪みや鞘を狙っていくことを裁定取引（アービトラージ）といいます。市場構造に非効率なところがあったり，その非効率な部分を是正するのにコストがかかったり，仕組みや制度の変更によって新たな非効率が生まれたり，取引を急いでいるときには多少不利な値段でもそのコストを受け入れたりする投資家が存在することで，裁定取引を行う機会が生まれます。裁定取引は安く買って高く売る行為なので，実体としてはマーケットメークと同じものだといっても構いません。

裁定取引には，執行した瞬間に利益がほぼ確定するものから，損益の振れを多少伴いながら利益が徐々に積み上がっていくものまで，リスクの度合いによって大きく３種類に分かれます。

⑴　完全裁定取引

同じものが違う場所で取引されている場合，その差を直接狙っていくのが完全裁定取引です。このタイプは金融市場ではほとんどなくなっているものの，実社会ではたくさん見かけます。例えば，まったく同じ商品が隣のスーパーで安く売っているようなとき，お使いを頼まれた子供が高いほうの店の代金を預かって安いほうの店で買い物をして，その差額をちゃっかりと自分のお小遣いにするのがこれに当たります。立派な完全裁定取引です。

流通系のビジネスは安く仕入れて高く売ってその差を稼いでいるので，これも見方によっては時間差を使った完全裁定取引といえるかもしれません。

金融市場における完全裁定取引の例は，日経平均ラージ先物とミニ先物間の裁定取引です。この２つは倍率と呼び値の単位が異なるだけで完全に同じものです。同時に執行して鞘が残る局面はほとんどありませんが，もしあったとしても鞘が生まれた瞬間にHFTがその鞘を一瞬にして抜いてしまいます。

東証とPTS

東証とPTS（私設取引システム）の間でごくまれに裁定機会が生じることがありますが，これも同じように瞬間的に是正されます。そもそも，証券会社が顧客の注文をPTSに流す場合，**最良執行義務**が課されており，東証で執行するよりも不利な価格で執行を行うことはできません。PTSに回送された顧客の注文は，**東証で成立したであろう価格と同じかそれよりも有利な価格**で執行されなければならないということです。

PTSにおける約定の大半は，PTSに常駐しているHFTが相手方となって成立します。PTSにとってHFTは実質的なマーケットメーカーだといえます。HFTは取引が成立した瞬間に完全に鞘が抜けなくても，鞘が抜ける可能性の高い価格であれば積極的に取引を行います。

HFTがPTSだけではなく東証でも歪みや鞘を虎視眈々と狙うようになったことで，株式市場で完全裁定取引を実行する機会はほぼ消滅しました。その昔，株式取引が電話回線を通じて行われていた時代に東証と大証で同じ銘柄が異なる価格で平然と取引されていたことが懐かしく思えます。

(2) 複製裁定取引

複製裁定取引とは，対象となる商品と同じような動きをするものを作り出して鞘を抜く方法です。複数の商品を組み合わせる方法と，実質的に同じ経済効果を持つように売り買いを繰り返す方法があります。

ポートフォリオ型複製

複数の商品を組み合わせる最も身近な例は，TOPIXを対象とした現物先物間裁定取引です。TOPIX型のバスケットを完全にそろえるのは不可能ではありませんが現実的ではありません。そこで，ある程度銘柄数を絞ります。銘柄数を増やすほど連動性は高くなり損益は安定しますが，流動性の低い銘柄が増えてくるのでその分執行コストがかさみます。**ポートフォリオ理論を使ってコストとリターンを最適にするバスケットを選定**します。いったん構築したバスケットもそのまま保有するのではなく，指数とのズレが生じないように適宜微調整を行っていきます。

ちなみに，日経平均は株価換算係数で調整した225銘柄をすべて買うことで完全に複製できるため，現物先物間の裁定取引は完全裁定取引で行うことが可能です。

オプション型複製

複製裁定取引にはそのほかに，**オプション理論**に基づくものがあります。

オプションに対して，現物や先物を細かく調整するデルタヘッジと呼ばれる方法を使って行います。どんな複雑なオプションも，理論的には現物や先物を細かく売買することで複製できます。

日経平均オプションは，日経平均を連続的に売買することで作り出すことができます。日経平均と日経平均先物の間には裁定が効いているので，通常細かく売買しやすい日経平均先物を使います。

オプションの値段は複雑な要素が絡んで決まり，そうして決まった価格は日経平均の将来の変動を反映しています。したがって，オプション価格に織り込まれた将来の変動よりもこれから実際に起こる変動のほうが小さいと考えれば，日経平均オプションを売って日経平均先物を売り買いしてオプションの買いと同じものを作れば，理論的には鞘が抜けることになります。

これとは反対に，オプション価格に織り込まれた将来の変動よりもこれから起こる変動のほうが大きいと考えれば，日経平均オプションを買って日経平均先物を売り買いしてオプションの売りと同じものを作れば，同じように理論的には利益が残ります。

このような手法を，デルタニュートラルによるオプション複製戦略と呼びます。

実際の市場では理論どおりにいかない部分も多く，オプション型複製戦略による裁定取引を機械的に実行して成功させるためには，かなり割高なオプションを売るか，かなり割安なオプションを買わなければなりません。日経平均リンク債などの仕組み商品の中に割高なオプションを組み込んで販売すれば，理論的には有利に裁定取引を行えます。

こうした金融工学を使った裁定取引は，あくまでも理論的な複製にすぎません。現実の市場ではさまざまな例外的なことが起こり，また取引ごとに必ず鞘が抜けるものではありません。損益の振れを伴いながら，同じような取引を何回も繰り返すことで，想定した鞘が残っていく形になります。

⑶　統計的裁定取引

統計的裁定取引とは，２つの商品の**相関性が高く，一定の範囲で周期的に動くもの**を狙って行う裁定取引です。相関性や周期性をどう分析するかがポイントです。１回ごとの取引では利益は確定できず，長い期間繰り返すことによって利益を狙います。オプション型複製と似たようなリターンの出方になります。

割高割安な状態は一定期間内に必ず修正されるわけではなく，場合によっては割高がさらに割高になったり，割安がさらに割安になったりした状態が長期間続くことがあります。逆行が続くと，資金力とポジション量によっては破綻する可能性もある取引です。

同じレベルの金融工学者が分析すれば同じ結果になりやすく，市場では同じようなポジションが積み上がってしまいがちです。何かの拍子で解消が始まった場合，ドミノ倒しで解消が起こり，理論上ありえない損失が発生することがあります。金融工学を使ったトレーダーでも，何回も痛い目に遭うのが現実です。

HFTが採用するマーケット全体に対するマーケットメーク型高速取引も，統計的裁定取引の一種です。この方法は，高速にポジションを変化させ続けるため一方的にポジションが積み上がることはありません。破綻したLTCM※の手法がポジション調整をほとんど行わない静的な統計的裁定取引であったのに対し，HFTの手法はどんどん売買を繰り返す動的な統計的裁定取引と呼べるでしょう。

※LTCM：ノーベル賞を受賞した金融工学者たちが作ったヘッジファンド。債券を中心にした統計的裁定取引にレバレッジをかけ，巨額な資金を集めて一世を風靡した。当時最高峰の運用チームと顧客が結集していた。1998年，アジア通貨危機，ロシア危機で，割高なものがさらに割高に，割安なものがさらに割安になり，彼らが計算した関係に収束せず破綻した。

ドル建て日経平均先物

日経平均の円建て先物とドル建て先物の間の裁定取引は，統計的裁定取引に分類されます。ドル円と日経平均の相関関係次第で円建て先物とドル建て先物の価格差が大きく変わります。ドル円と日経平均に正の相関関係があるほど，ドル建て日経平均先物は円建て日経平均先物より高い値段になります。

ドル円と日経平均の相関関係をヘッジする商品はないため，ドル建て日経平均先物を供給する業者は相関関係のリスクを円建て先物とドル円を使って管理しなければなりません。

ドル建て日経平均先物は，ドルベースで損益が発生するため外国人投資家に大きなニーズがありますが，ヘッジに伴うリスクが非常に高いため供給量が限定されており，ニーズの割に市場は拡大しません。

ちなみに，相場解説でたまに登場する**「ドル換算」日経平均**は，単に日経平均をその時のドル円レートで割っただけのもので，「ドル建て」日経平均先物とはまったく異なるものです。

「ドル換算」日経平均は，**外国人投資家がドル資産を円に転換して為替リスクを取っていた場合のパフォーマンスを計算**するときに使う指標となります。日本株がいくら上昇しても，ドル円が同じように上昇したら利益は生まれません。「ドル換算」日経平均はこうした分析に使われます。たまに「ドル換算」と「ドル建て」を同じものとして，間違って使われることがあるので注意してください。

統計的裁定取引の限界

完全裁定取引および複製型裁定取引はHFTの独壇場ですが，統計的裁定取引は，回帰するまでのサイクルが長ければ長いほど高速性は必要なくなります。

予想される周期の間に割高割安が修正されることは多いものの，統計的な割高割安な状態が修正されずに割高がさらに割高になることが起こります。レバレッジのかけ方によっては，統計的な回帰が起こる前に資金が枯渇してしまいます。特に，金融危機などで，同じ方向のポジションが一斉に巻き戻されると，こうした裁定取引から巨額の損失が発生します。先述したLTCMの巨額の破綻が典型例です。

金融の世界

統計的な手法は，相場の上下の変動にはあまり関係がないだけであって，必ずしも確実な方法ではありません。完全裁定取引以外で確実性が高いといえるものは，高速マーケットメーク型モデルしかありません。買いたい人が見つかるまでのリスクを考慮した鞘をいただくことが儲けの源泉です。

金融の世界は，まったく同じものを右から左に流しただけで儲かるように甘くはありません。それでは時価が変動するリスクに見合う程度の利益しか期待できません。そこで，デリバティブを使って一見魅力的なリターンに見えるものを作って顧客に割高に販売し，同じものを安く複製して鞘を抜こうとするわけです。あるいは，**売り急いでいる投資家から安く買い取って，それを販売力に物をいわせて売りさばく**のです。これが証券会社のビジネスの舞台裏であります。

(4) 現物先物間裁定取引

投資家が普段よく耳にするのは現物先物間の裁定取引だと思います。先物と225銘柄を同時に執行するフリーランチ状態はほとんどありませんが，相場が急変した時など，先物の値動きに現物の動きが間に合わずに瞬間的にフリーランチ状態が発生することはあります。そういう時には，HFTが出動しすぐにチャンスはなくなってしまいます。

HFTは，こうしたチャンスが起こる瞬間だけをじっと待ち続けているわけではありません。フリーランチはおいしくいただきながら，通常時においても日経平均構成銘柄に対して高速で指値を出し入れし，全銘柄同時に約定しないリスクを取りながら鞘を確保しています。むしろすぐに約定できない平時ほど，指値の出し入れが激しく行われることになります。こうした指値の出し入れは，日経平均に対する裁定取引であると同時に，市場全体に対するマーケットメーク型HFTの一部となっています。

日経平均先物の理論価格

日経平均に対して現物先物間で行う取引は，完全裁定取引に分類されます。株価換算係数を使って必要な株数を買うことで日経平均と完全に連動するバスケットを作ることができるからです。日経平均は構成225銘柄すべてを買うことで完全に複製できるのです。

日経平均と同じ動きをする日経平均バスケットを買うためには現金が必要となり，その分に対して金利コストがかかります。その代わりに配当がもらえるので，その分は金利コストから差し引くことができます。金利から配当を引いたものが現物バスケットを保有するコストに当たり，キャリーコスト（現物を持ち続けるためのコスト）と呼びます。

先物には金利もかからない代わりに配当もありません。厳密にいえば証拠金が必要ですが，機関投資家の場合は有価証券を担保にすることができるので理論価格計算上は無視します。したがって，日経平均および日経平均バスケットと日経平均先物の理論的な価格差は，キャリーコスト（金利－配当）となります。

日経平均先物の理論価格＝日経平均+キャリーコスト（金利－配当）

日経平均先物は日経平均や日経平均構成225銘柄とは関係なく独自の需給で動き，理論価格とは一致しません。先物の買い需要が大きいときは，先物価格は理論価格を上回って取引されます。この状態の時に日経平均の現物バスケットを買って先物を売り，先物の最終売買までこのポジションを保有してSQ（特別清算価格）で現物バスケットを売り，先物をSQ値で清算すれば，キャリーコストを上回るキャッシュを手にすることができます。

最終的に残ったキャッシュが実際にかかったキャリーコスト（金利－配当）を上回るかどうかは，途中で金利がどう変化するかと，配当が予想どおりに支払われるかにかかっています。ぎりぎりの鞘しかない裁定ポジションを持つと，最終的な損益がマイナスになることもあります。

日経平均の現物先物間の裁定取引は競争が激しいので，鞘が極限まで小さくなっており，裁定取引だけで利益を残すのは大変難しくなっています。裏を返せば，裁定取引が十分働いているおかげで先物と現物は密接に連動して動いているということもできます。

現物先物間裁定取引のリスク

完全裁定取引とはいえ，日経平均バスケットと日経平均先物の間の裁定ポジションにはいくつかリスクがあります。まず，金利と配当です。裁定取引をする主体によって金利はそれぞれ異なっており，配当もあくまでも予想配当にすぎないため，あまり小さい鞘でポジションを取ると，わずかな金利変動や予想配当の読み違いが最終的な損益に影響を与えます。しかし，このリスクを避けるため十分な鞘を確保しようとすると，裁定業者間の競争に負けポジションを作ることができません。もし金利上昇を嫌ってどこかの業者が撤退すれば，金利上昇に耐えられる別の業者が参入するだけです。**金利が上昇すれば裁定解消売りが出るというのは，大きな勘違い**です。ただし，金利上昇で相場が弱気に傾いた結果，先物が売られてその結果として裁定解消売りが出ることはあります。

国内中小証券会社が現物先物間の裁定取引に参入しないのは，予想利益額が資金効率に見合わないうえ，万が一のリスクに耐える体力がないからです。たとえ収益が不安定だとしても，歩合ディーラーを抱えることに分があるのです。

SQにおけるリスクもあります。SQ値は225銘柄それぞれの寄り付きの値段を使って計算しますが，当日制限値幅まで到達して売買が成立しなかった銘柄は，制限値幅になった株価を使ってSQ値が計算されます。この場合，その銘柄が処分できず，翌日以降に成立する値段との差がリスクとして残ります。

銘柄入れ替えにも同じようなリスクがあります。入れ替え日の大引けで売買が成立しないケースです。それ以外にも，可能性としては相当低いものの，構成銘柄が突然破綻するリスクもあります。

このようなリスクへの対処方法は２通りです。裁定取引からの利益だけではなく，裁定ポジションとして保有する現物バスケットからの追加利益を狙うことです。例えば，**貸株に回す，機関投資家のバスケット買いニーズに対応する，日銀ETF対応用の在庫**として活用するなどです。もう１つは，225銘柄を同時に約定するのではなく，指値を使って時間差を伴ってバスケットを完成させる方法です。この方法は指値買い指値売りを高速で繰り返すHFTによる高頻度売買の一環として行われています。

需給に関する勘違い

現物先物間の裁定取引が需給に与える影響については，相変わらず勘違いが散見されます。**裁定取引自体は常にニュートラル**です。相場の方向を決めることも相場を動かす力もありません。

それにもかかわらず，裁定取引を主語にした説明がよく行われます。現物市場だけを見ると，裁定取引によって日経平均構成225銘柄が買われ日経平均を引き上げたかのように見えるかもしれません。しかし，同時に先物市場ではまったく同じ金額の先物が売られていることを忘れてはいけません。

先物市場に大口の買い手が現れたか，短期の投機筋が一斉に買いに走るなどの原因となる事象があって先物が上昇し，裁定業者がその動きに対応して先物を売って現物バスケットを買います。この一連の流れの中で裁定業者が行う裁定取引は，単に先物市場における超過需要を現物市場に流して現物先物間の需給のズレを調整しただけにすぎません。

こうした一連の流れを省略して，日経平均は裁定買いによって上昇したという説明が行われますが，**裁定取引による買いは原因ではなく単なる結果**にすぎません。日経平均が上昇した原因は先物市場における買い需要が大きくなったことにあるので，先物市場でなぜ買い需要が発生したかを説明しなければ日経平均が上昇した理由の説明にはなりません。

このように単に結果を取り上げてあたかも原因であるかのように行う説明は，単なるトートロジーにすぎません。トートロジーを使った説明は，意味がなく内容もありません。

第2節　指数イベント取引

日経平均に対する指数イベントには，年に一度行われる定期銘柄入れ替えと，採用銘柄に事情があるときに行われる臨時銘柄入れ替え，２倍以内の株式分割と併合があります。２倍以上の大型分割や併合は，株価イベント前の株価に戻して日経平均を計算するため指数イベントは発生しません。

指数イベントが発生すると該当銘柄だけではなく，その他の構成銘柄を含む日経平均全体の需給に影響があります。過去に起こった大きな指数イベントについては，第２章を参照してください。

(1)　銘柄入れ替え

年に一度10月初旬に行われ，2021年から上限３銘柄と規定されました。株価換算係数の採用によって高株価銘柄の採用が可能になったのと引き換えに上限を３銘柄に制限して，銘柄入れ替えに絡んで大きな混乱を避ける狙いがあったものと推察されます。

それ以外の時期にも構成銘柄に何らかの事情が発生した場合は，臨時に入れ替えが行われます。銘柄入れ替えは，入れ替え基準日において新旧銘柄を交換し，新規採用銘柄については日経平均に占める比率が１％を超えないように株価換算係数が決められ，日経平均の計算に使う株価が調整されます。

新旧銘柄の株価換算係数で修正した換算株価がまったく同じであれば，日経平均連動バスケットの保有者は除外銘柄を売却して新規採用銘柄を購入すれば，それだけで銘柄入れ替えの対応は終わります。この場合は分母に当たる除数の変更もありません。

通常，新旧銘柄の換算株価が同じになることはないので，入れ替え前後で日経平均が結果的に同じになるように除数が調整されます。2021年の株価換算係数の採用によって高株価銘柄の株価を低く修正することが可能になり，除数の大幅な変更を回避できるようになりました。それまでは，除外銘柄の株価に比べ採用銘柄の株価が高いことが多く，除数の変更も大幅に引き上げざるを得ませんでした。

除数の変更が大きいということは，新旧銘柄の換算株価の差が大きいということになります。換算株価の差が大きいと，資金制約のあるETFなどのファンドは新規採用銘柄を買う資金を作るために既存銘柄をまんべんなく売る必要があります。

株価換算係数が導入されて初めての銘柄入れ替えが行われた2021年10月は，村田製作所，任天堂，キーエンスという錚々たる高株価銘柄が採用され，株価換算係数を使って修正しても除外銘柄よりも採用株価が高く，結局5,000億円もの既存銘柄の売り圧力を生みました。

銘柄入れ替えに絡んだトレーディングは，以下の３通りの方法があります。

入れ替え銘柄の予想売買

入れ替えの時期が近づくと，指数イベントプレーヤーは入れ替え銘柄の予想を立て仕込みに入ります。主な証券会社も入れ替え銘柄予測を公表します。それぞれ数銘柄ずつ候補に挙がり，予想に従って候補銘柄のポジションを取ると，ほとんどの場合，外れ銘柄の損失が，当たり銘柄からの利益を上回ってしまいます。それを避けるには銘柄を絞り込んで行わなければなりません。うまく当たれば利益は大きくなりますが，外れてしまえば痛い取引となります。

銘柄入れ替えに関しては，**まず予想が当たるかどうかまでの１回戦と，実際の入れ替え日に向けての駆け引きによる２回戦**に分かれます。

１回戦の売買にはいっさい制約はありませんが，２回戦に関しては証券会社の自己売買についてのみ制約があります。自主ルールを設けて引け間際の取引を自ら制限しているのです。銘柄入れ替えやVWAP（出来高加重平均価格）保証取引，引け値保証取引などを行う際に，引け間際に現物株を大量に売買して投資家を混乱させた反省からできたルールです。

投資家にはこうした制約はないので，個人投資家であれば大引けまで自由に取引できますが，大勢が参加すると裏目に出ることもあり，あまり分のいい勝負だとは思えません。

入れ替え基準日に向けた投機的売買

入れ替えに際して，新規採用銘柄を採用基準日の価格よりも安く買い，除外銘柄を除外基準日の価格より高く売却すれば日経平均を上回る運用成績を残すことができます。日経平均バスケットを保有しない投資家も，こうした需給が発生することを予見して参加してきます。

２回戦のトレードは，対象銘柄がすでに決まっているので，基準日に向けた駆け引きと思惑による売買となります。途中で採用銘柄が値下がりし除外銘柄の株価が上昇するような逆行現象が起こったり，入れ替え当日も複雑な動きが起こったりします。

１回戦をうまく当てていれば割と気楽に２回戦に臨めますが，２回戦だけの勝負はかなり神経を使うことになります。

除数変更を狙った日経平均の投機的売買

銘柄入れ替えに絡んだ３つ目のトレードは，新旧銘柄の採用株価に大きな違いがある場合に起こる資金移動を狙ったものです。これは新旧銘柄をトレードするのではなく，**存続銘柄に大きな売買が発生することを予測**して日経平均先物を事前にトレードします。例えば2021年10月の銘柄入れ替えの際には日経平均の存続銘柄に対して約5,000億円の売りが発生したと推計されています。こうした資金移動を念頭に置きながら先物を売買するわけです。

先物単体によるストレートな勝負だけではく，採用銘柄と先物をペアにしたロングショートやTOPIX先物を使ったNTスプレッドを組んでリスクを抑えることもできます。

たとえ銘柄入れ替えに関心がなくても指数の動きには影響があるので，日経平均先物を短期トレードする場合には指数イベントは意識しておく必要があります。

(2)　株式分割・併合

2005年の計算方法の変更により，２倍を超える株式分割および株式併合は，イベント後の株価を元の株価に戻すということになりました。この変更によって大型の株式分割・株式併合が起こっても，日経平均バスケットで保有するイベント対象銘柄をそのまま持ち続けることができるようになりました。

一方，２倍に満たない株式分割や株式併合は，従来どおり除数の変更で対応するというわかりにくい仕組みが残りました。

株式分割

2001年の額面制度廃止以降，それぞれ異なる理由で株式分割と株式併合ブームが起きました。

株式分割ブームは額面制度廃止直後から起こり，最も有名な例は当時堀江貴文氏が率いていたライブドアです。ライブドアは株式市場をうまく使って買収を繰り返し，自社の株価も引き上げながら急成長しました。急成長の過程で，１株を100株にするという超大型分割に踏み切りました。

株式の分割は，教科書的にいえばそれ自体が企業価値を生むわけではないので，分割イベント後の株価は元の株価と実質的に変わらない水準に収斂するはずです。とはいえ，少額の資金でも株主になることができるようになり，投資家の裾野が広がるという流動性面でのプラス効果はあります。この効果を多くの投資家が意識すれば，分割イベントを挟んで株価は上昇しやすくなります。教科書的にいえば，流動性プレミアムとでもいうのかもしれません。

当時は，分割という株価イベントを企業が発する強気のメッセージと捉え，好材料視する傾向がありました。つまり，増えた株主の期待に応えるため会社を成長させるという経営者の強いメッセージになったのです。とりわけ堀江社長の前例にとらわれない果敢な経営は，市場で注目されていました。

ライブドアのケース

そうした土壌の上に，飛ぶ鳥を落とす勢いで成長したライブドアが100分の１の超大型分割を仕掛けました。分割後の株価は100分の１になったとしても，**新株99株はしばらくの間割り当てられないため，需給が引き締まる**という読みもあったのだと思います。

当時は，株券を紙で実際に刷っていたという事情もあって，新株券の交付，売買可能日まで時間がかかり，それまでの間市場で売買できる株価が

100分の1のまま放置されるのです。そのような不便さを補うために発行日取引という新株先渡し専用の場が用意されていましたが，そうしたものはあまり顧みられず，株式分割＝株価の上昇という歯車が回ったのです。

株式分割ブームは，粉飾決算疑惑の発覚に端を発したライブドアショックとともに終焉を迎えました。この時期に株式分割を行った企業は，新興のIT関連企業が中心で，日経平均採用銘柄の分割はありませんでした。

株式併合

株式併合のブームはまったく別の要因で別の時期に起こりました。直接的なきっかけは，東証が2007年に**売買単位を統一**する方針を決めたことによります。それまでは，額面株式時代の名残で株式の売買単位は８種類のまま放置されていました。東証の方針に従って，売買単位は2014年に1,000株と100株の２種類となり，2018年には100株に統一されました。

東証の方針発表を受けて，売買単位が100株未満だった企業は株式分割を行い，売買単位が100株より大きかった企業は単元株式数を100株に引き下げるか，株式を併合することが必要となりました。

こうした作業を**100株単位へのくくり直し**と呼び，東証が方針を決める以前から，そうしたことを予想した企業は自発的に単元株のくくり直しに取り組んでいました。東証の方針決定を受け，単元株式数を引き下げるだけではなく，同時に株式併合を選択する企業が急増しました。特に株価の低い1,000株単位銘柄の多くは，10株を１株に併合する道を選びました。

日本経済新聞社は2005年から２倍以上の株式併合はみなし額面の変更によって元の株価に戻すことにしていたため，東証の方針決定によって株式併合が急増しても**日経平均に対する影響はまったくありませんでした**。

先見の明と禍根

2005年６月，日本経済新聞社は，りそなホールディングスによる1,000

株の１株への併合，日興コーディアルグループによる２株の１株への併合に対し「日経平均株価構成銘柄の株式併合の取り扱いについて」という以下の発表を行いました。

> 構成銘柄の株式併合など市況によらない株価変動に対しては，これまで「除数（各構成銘柄のみなし額面換算済み株価の合計金額を割る数）」を変えることで調整してきました。今回予定されているような大幅な株式併合が実施された場合，除数調整では指数値の連続性や指標性を損ねる可能性があるため，これに代えて対象銘柄の「みなし額面」を変更することで，指数算出に用いる株価の水準が併合前後で変わらないように調整し，指数の連続性を維持します。したがって当該株式併合に伴う除数変更はありません。

この発表は正式な計算ルールの変更という形式ではなく，とりあえず今回の株式併合への対応という形で発表されました。しかし，このルールがその後の株式分割に対しても適用され，**これを繰り返している間にいつの間にか正式なルール**となりました。

その口火を切ったのが，2005年９月のヤフーによる１株を２株に，2005年12月のソフトバンクによる１株を３株にする株式分割です。この株式分割に対して「日経平均株価構成銘柄の株式併合の取り扱いについて」に準ずる措置が続けて適用されました。

ライブドア等の分割ブームが起こった際には，日経平均採用銘柄で分割を行った企業はなかったため，これが久々の分割イベントとなりました。日経平均採用銘柄であるヤフーとソフトバンクが行った株式分割に対し株価をイベント前に戻して対応したことで，株式併合に適用した分子の修正が，株式分割にも適用されることになりました。その後もこの方法が繰り返され，いつの間にか既定路線となりました。

日経平均の性質を大きく変える重大な変更であるにもかかわらず，この変更について内外で深く検討した形跡はありません。

その後，株式併合が急増し，「日経平均株価構成銘柄の株式併合の取り扱いについて」で示した方針は，結果的には先見の明があったといえます。一方で，分割銘柄の株価を分割前に戻す方法は，後々禍根を残すことになってしまいます。

小型分割のトレーディング

無償増資が株式分割に置き換わってからは，小口の株式分割は行われなくなっています。万が一，今後小口の分割が行われれば，株価換算係数の修正ではなく除数の修正が行われるはずですが，その際は増える分の株式を分割イベントに向け売却する必要があります。大口のファンドやETFであれば，売却資金を使って日経平均バスケットまたは先物を買うことになります。

また，売買単位が100株に統一されてからは株式併合も少なくなりました。今後も小口の株式併合が行われる可能性は低いので，株式併合に伴うトレーディングの機会はほとんどないと思われます。

第３節　ETF

(1)　通常型ETF

通常型ETFとは，**現物バスケットの受け渡し**によって新規設定および解約を行うETFを指します。日銀が買い入れ対象にしているのがこの通常型ETFです。

設　定

機関投資家であれば，指定参加者経由で運用会社に現物バスケットを持ち込めば，それと交換する形で新しいETFが設定されます。一般投資家はすでに発行されたものを市場で売買します。市場において通常型ETFへの買い需要が大きくなれば，市場価格が基準価格を上回って割高に取引されます。裁定業者やマーケットメーカーが現物バスケット買いETF売りの裁定取引を行い，買い付けた現物バスケットを運用会社に持ち込んでETFを受け取り，裁定取引を完結させます。こうした**市場の需給プロセスを通じて通常型ETFの残高は増えていきます**。

日銀の買い入れ

日経平均型ETFの買い入れはなくなってしまいましたが，日経平均以外の指数を対象にしたETF買いは続いています。日銀のETF買いは，**午前中の株価指数に基づいて日銀が判断し**，証券会社に買い入れを伝えます。日銀の依頼を受けた証券会社は，あらかじめ日銀との間で決められた計算方法を当てはめた価格で日銀にETFを渡します。約定はToSTNeT※による立会外取引で行います。

※ToSTNeT：現物株式の立会外取引を行うシステム。先物・オプションで使うJ-NETに当たる。

日銀の購入対象は，レバレッジのない通常型ETFです。このETFは現物持ち込みによる設定が必要なため，業務フローは多少複雑です。日銀の購入窓口になる証券会社は，**事前にETFまたは現物バスケットを在庫**しておきます。日銀から購入依頼を受けた証券会社は事前にETFの在庫があれば，ヘッジとして売っていた先物を市場で買い戻してヘッジを外した在庫を受け渡します。ETFの在庫がなければ，いったんETFを借株して日銀に渡します。あるいは現物株バスケットを借りてきてETFに組成したうえで日銀に渡します。この場合もヘッジしていた先物を買い戻すか新規で買います。連日日銀が買い入れを行っていた時には，このような業務フローがうまく回らず，証券会社は苦労を強いられています。

いずれのケースにおいても，日銀のETF買いが入れば，間に入る証券会社がヘッジしないでETFの在庫を持っていない限り，先物に買いを入れます。証券会社がヘッジなしでETFを在庫することは，ほとんどありません。

解　約

通常型ETFの解約は，現物バスケットを引き取ることによって行います。指定参加者が運用会社にETFを差し出して，その代わりに日経平均の現物バスケットを受け取ることになります。市場において通常型ETFへの売り需要が大きくなれば，市場価格が基準価格を下回って割安に取引されます。裁定業者やマーケットメーカーが現物バスケット売りETF買いの裁定取引を行い，買い付けたETFを運用会社に持ち込んで現物バスケットを受け取り，裁定取引を完結させます。

こうした**市場の需給プロセスを通じて通常型ETFの残高は減っていきます**。

裁定業者が現物バスケットではなく先物売りでETF買いの裁定取引を行った場合，裁定業者は運用会社に解約申請して現物バスケットを引き取り，裁定業者はすでに保有している現物買い先物売りの裁定ポジションに組み込みます。この現物買い先物売りの裁定ポジションが解消されるかどうかは，その後の先物市場の需給次第です。

将来もし日銀がETFを転売することになった場合，形式的には**市場を通じてETFのまま売却することになる可能性**が高いと思います。実際にはブロックトレードの形で，転売制限などを付けたうえで売り出すことになると思います。

日銀によって放出されたETFがその後市場に出回り，需給がだぶついて基準価格よりも割安になれば，裁定業者の手を経由して残高は減っていくことになります。

日銀に代わる長期保有者が現れない限り，通常型日経平均ETFは割安に放置され続け，それを買い付けた裁定業者によって解約され，最終的には現物市場に戻っていくことになるでしょう。

(2) デリバティブ型ETF

日経平均のデリバティブ型ETFは，現物をいっさい持たずに日経平均先物だけを使って運用します。先物を使うことで通常型とは異なったリターンを出すことができます。

日経平均とまったく反対の動きをするインバース型と，日経平均の動きにレバレッジをかけた２倍型，３倍型などがあります。両方の特性を掛け合わせたダブル・インバース型もあります。

こうしたデリバティブ型ETFは，**純資産がゼロ以下にならないようなオプション特性**を備えています。日経平均オプションは使わず，日経平均先物だけでそうしたオプション特性を作り出します。また，設定解約方法も通常型ETFとは異なり，現金を使って行います。

新規設定・解約はすべて指定参加者経由で行われ，一般投資は市場でETFを売買します。この点は通常型と同じ仕組みです。

商品説明では日経平均の日々の騰落率に連動することになっていますが，実際の運用は日経平均先物で行われており，日々の基準価格は先物の終値をベースにして計算しています。午後３時に決まる日経平均と３時15分に終わる日経平均先物の間に大きなズレが生じることがありますが，**多少のズレがあっても長い間には均（なら）されるという前提**で割り切って運用しているようです。

特　徴

特に日経平均の動きに２倍のレバレッジをかけたブル２倍型ETFは，

個別株を含めた出来高ランキングでほぼ毎日上位に入るほど活発に取引されています。裁定業者にとっても鞘を抜くチャンスが多く，貯まったポジションは，指定参加者経由で頻繁に設定解約が行われており，発行済み残高は日々変動します。

ブル２倍型ETFをはじめとするデリバティブ型ETFを取引するのは個人投資家です。１日で反対売買をするデイトレーダーと，日経平均の水準観に従って逆張りで市場に入るスイングトレーダーに分かれます。

デイトレーダーの売買はデリバティブ型ETFの需給にはニュートラルですが，スイングトレーダーが行動を起こすとETFの需給が歪みます。例えばブル２倍型ETFに対する買いが増えると，先物に比べ10～20円程度割高になり，この鞘を狙ってHFTを使った裁定業者がETF売り先物買いの裁定取引を行います。これは単純な裁定取引なので個人投資家も同じようなことを行うことはできますが，さすがにHFTの速さには勝てません。裁定業者は割高が修正されれば，すかさず反対売買して利鞘を確定します。

デリバティブ型ETFにほんの少し含まれているオプション特性は短期的にはほとんど現れないため，**日々の基準価格の動きは日経平均先物にほぼ連動**します。日中の値動きも，裁定が効いているのでNAV（純資産価格）に対して，極端に割高になったり割安になったりすることはありません。

通常時においては，市場参加者は日中のNAVや理論価格を気にすることなく売買できます。ちなみに，日中の暫定NAVはJPX（日本取引所グループ）のサイトで確認できます。また，日中の理論価格は先物ラージから簡単に計算できます。

ブル２倍型ETF理論価格＝前日ブル２倍型の基準価格×（１＋ラージ先物前日比変化率×２）

前日のブル２倍型ETFの基準価格は運用会社のホームページから取得でき，楽天証券や岡三オンラインのRSS※を使って，エクセルで理論価格を計算すれば，ブル２倍型ETFと先物の関係はリアルタイムでモニターできます。

※RSS：リアルタイムスプレッドシートというエクセルに価格情報を取り込めるシステム

設定の流れ

デリバティブ型ETFの設定のほとんどが，裁定業者によるものです。例えば，ブル２倍型ETFが割高になると裁定業者が先物を買ってブル２倍型ETFを売ります。裁定業者が在庫を持っていればそのまま何も起こりませんが，在庫がない場合は借株を行うことになります。借株にコストがかかるので，あまりポジションが大きくならないうちに運用会社に設定申請を行います。その際の流れは以下のようになります。

①　裁定業者が先物買い+ETF売りの裁定ポジションを組む。
②　裁定業者は指定参加者を通じてETF新規設定申請。
③　運用会社は翌日の大引け近辺で先物を買い，基準価格でETFを引き渡す。
④　裁定業者は同じ日の大引け近辺で先物を売り，基準価格でETFを引き取り，裁定ポジションを解消する。
⑤　その際に，裁定業者と運用会社がそれぞれ市場で先物を売り買いするのはお互いにリスクがあり効率的ではないので，指定参加者を通じて基準価格に対する先物の値段をあらかじめ決めたうえでJ-NETを通じてクロス。
⑥　先物の買いポジションは，J-NETクロスを通じて裁定業者から運用会社に移動するだけなので，市場へのインパクトは発生しない。

このように，需給の偏りが派生する日とブル２倍型ETFの残高が増減する日の間にズレが生じます。需給に偏りが出ているかどうかはブル２倍型ETFと先物の相対的な関係から推測します。先物の短期プレーヤーにとっては役に立つ情報です。

残高の減少

解約の流れは設定の流れとは逆に，個人投資家がブル２倍型ETFに大量の戻り売りを出すか，下落が起こったときにベア型およびベア２倍型ETFを大量に売るようなときに起こります。

短期投機筋の回転が効いて先物主導によって日経平均の上昇が加速している局面で，個人投資家がブル２倍型ETFに利食いの売りを出すと，ブル２倍型ETFは先物に比べて割安になります。これを狙って裁定業者は，ETF買い先物売りの裁定を活発に行い，短期投機筋の回転を抑える働きをします。

このように個人投資家が，**相場観に従って先物市場の需給と反対の投資行動**をとることで，先物の一方的な動きにブレーキをかける役目を担います。個人投資家が短期投機筋の作る流れに逆行することで，先物とデリバティブ型ETFの間に歪みが生まれ，この歪みを是正する裁定業者によって，先物の動きを抑える働きをするのです。

新規設定の停止

もし新規設定の停止や貸株料が高騰するようなことが起こり，日経平均先物との間で裁定が効きにくくなると，デリバティブ型ETFの値動きが日経平均先物と連動しにくくなります。そうした状況になった場合，投資家はNAVの動きを気にする必要が出てきます。

2015年８月から９月に起こった日経平均の下落過程において，個人投資家は果敢にブル２倍型ETFを買い下がりました。その結果，ブル２倍型

ETFはしばらくの間割高になり，それに売り向かった裁定業者の在庫は恒常的にマイナスになりました。裁定業者は，借株でマイナスになってしまった在庫をカバーするために連日新規設定の申し込みに追われました。ブル２倍型の中でも最も人気のあるレバETFの残高は日々増え続けて１兆円に迫り，レバETFの運用する日経平均先物は10万枚に迫りました。これが１兆円ETFの裏側で起こった実態です。

レバETFの残高が増えるにつれ，引け間際のリバランスによる大量の先物売買が市場に与える影響があまりにも大きくなっていました。この状況を危惧した運用会社は，発行済み残高がある程度減少するまでの間，新規設定を停止しました。

こうなってしまうと，ナンピンを繰り返す投資家に対し裁定業者が売りを出したとしても新規設定を申請してカバーすることができません。**新規発行の停止によって裁定取引は実質的に不可能**になりました。

新規設定が再開され裁定が働くようになるまでの間，このレバETFはNAVに対して１％以上割高な状態となりました。

レバETFに限らず，デリバティブ型ETF取引の大半を占める投資家の多くは，日経平均の目標水準を決め，逆張りで入ってきます。多少逆行してもナンピンでコストを下げます。トレンドに乗って売買する投資家が多い先物とは需給が異なります。そこに裁定チャンスが生まれるわけです。

個人投資家の買いや売りは日経平均の特定の位置に集中しやすく，そこを起点とした逆張りの力が発生します。個人投資家の逆張りは，順張りで動きが加速しやすい先物に対してブレーキをかける重要な働きをしてくれます。しかしながら，裁定が働かなくなると，個人投資家のそうした動きが先物市場に伝わらなくなってしまうのです。

⑶　デリバティブ型ETFのリバランス

デリバティブ型ETFは，日経平均の１日の騰落率に対して決められたレバレッジで連動するように設計されています。例えば，ブル２倍型であれば日経平均が１％上昇すれば２％上昇し，ベア型ETFであれば日経平均が１％上昇すれば１％下落します。値幅ではなく率で連動するようになっているため，日経平均が下げ続けても上げ続けても**理論上は基準価格がゼロに限りなく近づいてもゼロ以下にはならない**のです。実際には，ゼロに近づく前の段階で臨時償還が行われます。

順張りによるリバランス

デリバティブ型ETFは日経平均の変動幅ではなく変動率に連動しているため，毎日先物の保有枚数を調整する必要があります。ブル２倍型であれば日経平均が１％変動すれば純資産は２％増減しなければなりません。この２％増減した分，先物の保有枚数を調整することになります。

日経平均が１％上昇していれば前日の純資産総額の２％分の先物を買い，１％下落していれば前日の純資産総額の２％分の先物を売らなければなりません。ここは混乱しやすいのですが，ブル２倍型であれば常に純資産総額の２倍分の先物を保有しているので，前日に保有していた先物の枚数を基準にした場合，保有している１％分の先物を調整することになります。

純資産総額が小さく，なおかつ日経平均の変動率が小さければ，先物の調整は軽微ですが，新規設定停止のところで説明したように残高が１兆円になったブル２倍型に対して日経平均が５％下落すれば，日経平均先物を前日の純資産価格に対して10％，つまり**1,000億円分の先物を大引けにかけて売らなければならない**わけです。日経平均が５％下落して投資家がびびっているところにさらに1,000億円分の先物売りが出るとなると，さすがにその破壊力は半端ではありません。新規発行停止どころか，運用停止を考えてもいいレベルです。しかし，新規発行を停止しただけではリバランスの調整は止まりません。残高が減るしかありません。このような大きなリバランスが頻発すれば，投資家の不満も爆発するでしょうし，金融庁も黙ってはいないでしょう。

指数として脆弱な日経平均に対してデリバティブ型ETFの残高が増えすぎると，結構大変なことが起きるのです。

デリバティブ型ETFそのものは，個人投資家が逆張りで，ある程度先物の行き過ぎを是正してくる諸刃の剣といえるものです。しかし，逆張りしすぎてどこかで持ちこたえられなくなって投資家の損失覚悟の決済売りが出るような状況になると最悪の展開となります。2015年の新規設定停止のケースは，相場の反転により最悪の展開には至りませんでしたが，今後再び同じような展開に陥り，もっとひどい悪夢を見る可能性がないとはいえません。

第4節　先物間取引

(1)　ラージとミニ

日経平均ラージ先物とミニ先物の間の鞘抜き取引は，HFTにとってリスクリターンの効率が高い取引です。これまではラージ先物のほうに実需（長期投資家）が多く参加していたので，ラージを基準にしたロジックを組み立てれば，効率よくミニ先物で５円の鞘を抜くことが割と簡単にできました。

いつの間にか実需がミニ先物のほうへかなり移動したので，これまでのようにラージ先物を主体にしたロジックがうまく働かなくなりました。この手の取引を手掛けるHFTは，機関投資家向けディスカウント執行を請け負っている証券会社を使っており，そうした証券会社は先物手口で上位に現れる常連です。

先物間の鞘抜き取引と現物先物間の裁定取引は，それぞれ別に運用するのが基本的ではありますが，より機動的に収益を追求するためには，現物先物間裁定取引の中に一緒に組み込んで総合的に運用したほうがより緻密な調整ができます。

とはいうものの，現物が絡むと余分なリスクを抱えるため，現物先物間の裁定取引は現物株の活用ができる大手証券や外資系証券以外の新興ファンド勢にとっては余分な負担となります。それに比べ，先物間の裁定取引は実質的なリスクがなく，証拠金もほとんどかからないので，小資本の会社でも技術力さえあれば参加できます。先物手口上位常連の証券会社は，こうしたHFT業者を多く顧客に抱えているようです。

(2) NTスプレッド

NTスプレッドとは，日経先物とTOPIX先物を両建てする取引です。これはNT倍率の平均回帰を狙う統計的裁定取引に分類されます。銘柄入れ替え等で日経平均に特殊な需給が働く場合にNTスプレッドはよく使われます。証拠金もある程度相殺されるので，個人投資家にも人気があります。

HFTは当然ながら，NTスプレッドも高速鞘抜き売買の対象としていますが，中長期でNT倍率の変化を狙う参加者も結構多いと思います。

電気機器，情報・通信業，ITなどハイテク関連銘柄が上昇すると日経平均が優勢な相場つきになり，NT倍率は上昇しやすく，銀行，証券，商社，鉄鋼，陸運，電気・ガスなど，いわゆる内需大型株が上昇するとTOPIXが優勢な相場つきになり，NT倍率は下落しやすくなります。

NT倍率は**短期的な修正を繰り返す動きと長期的な波動**が組み合わさったような複雑な動きをします。NT倍率は一定のレンジにとどまり，その中で周期的な動きを見せる反面，**長期的には必ずしも平均回帰する保証はなく**，水準が大きく変わってしまうこともあります。短期間に反対売買しなければ，予想外に大きな損失となることもあるので注意が必要です。

短期的には規則性が現れやすいので，その間はテクニカル分析が結構当たります。また，両指数は計算方法が違うとはいえ，日本経済全体を反映しながらほぼ同じ方向に動いており，逆行するというような極端な動きにはなりません。

個人投資家がNTスプレッドを行う場合は，鞘取りというよりもNT倍率という単体の指数の方向性に賭ける手法と考えたほうがよいと思います。内需対輸出，オールドエコノミー対値嵩の元気銘柄というように，はっきりと物色動向に特徴が出る相場が続く場合に有効な手法です。

第5節　原株指数間高速高頻度取引

個別の株式と先物の間で細かく鞘を抜いていくのがHFTの最も得意とする分野です。高速自動取引にも単純なものから複雑なものまでいろいろな種類がありますが，この原株指数間高速高頻度取引は，そうした自動取引の中で最も出来高の多いものです。**市場全体に対してマーケットメーク**をして流動性を供給しているといってもよいでしょう。

先物が動くのに合わせて，個別株の指値を高速で出し入れします。指数に対して影響力の大きい銘柄ほど，指値変更は頻繁に行われます。個別銘柄の板だけを見ていると，その銘柄だけを対象にしてアルゴリズムを使っているように見えます。例えばSBGなどの主要銘柄にはいろいろなアルゴリズムが入り乱れていますが，その中でも最も活発なのが，**先物の動きに従って鞘を取りに来ているHFT**です。日経平均先物の動きが225銘柄に分解されて，SBGに伝わっていると考えればいいでしょう。アルゴリズムがSBGを動かして，日経平均を操作しようとしているわけではありません。

第6節　先物・オプション間取引

オプションに対して裁定取引を行う場合，３通りの方法があります。１つは，オプションのマーケットメークです。合理的にマーケットメークする行為そのものが裁定取引となります。すぐに約定したい投資家相手に高速で指値を出し入れし，**流動性を供給する代わりに鞘**を取ります。

２つ目がプット・コール・パリティを使った裁定取引です。これは，完成すれば完全に利益をロックできます。主にインザマネーとなり，流動性が少なくなった銘柄を対象にして行います。

３つ目が，デルタニュートラルによるオプション複製戦略です。

３つのいずれの方法も，オプション市場の需給を先物市場に移転する働きがあります。

⑴　高速マーケットメーク

日経平均先物の価格に対応するオプションの理論価格を計算し，理論価格以上で売り，理論価格以下で買い，オプション・ポートフォリオに追加して，ポジション全体のリスクを管理していく方法です。HFTの特性を生かした美しいトレーディングといえるでしょう。

マーケットメーカーが使う理論価格は必ずしも絶対的に正しいものではありませんが，**投資家の需給をリアルタイムで反映させながら微調整**を行うことで，実勢に即した理論価格になっていきます。

そうして計算した理論価格の上下に素早く指値を出し入れし，投資家の売り注文をなるべく安く捕獲し，投資家の買い注文に対してなるべく高く売り付けることを繰り返しながら鞘を積み上げていきます。

このトレーディングのポイントは，ポシジョンリスクをリアルタイムで計算し，リスクが過度に膨らまないように自動的にヘッジを繰り返すことにあります。

HFTを駆使したマーケットメーカーが支配するオプション市場では，投資家は**相手方がたまたま投資家ではない限り**，有利な値段で約定することはできません。投資家は仲値で丁寧に指値を繰り返して，反対側に投資家が登場してくれるのを粘り強く待つしかありません。

マーケットメーカーが使うアルゴリズムは，まったく白紙の状態から，モデルありきでいきなり理論価格を計算しているわけではありません。ある程度投資家の注文がないと，自信をもって多くの銘柄に対して一斉に自動で指値を出すことができません。８時45分のオプションの寄り付きまでに，マーケットメーカーの指値がほとんど出てこないのはそうした事情があります。

投資家の出方を見ながらオプション市場全体の需給バランスを考慮に入れ，銘柄間で歪みがないようにモデルをリアルタイムで修正することで，ようやく自動でマーケットメークができるようになります。

その後もすべてを自動で行うのではなく，ロボットを操作する担当者が自身の相場観を多少反映させながらパラメーターを調整していきます。

トレーダーは，できればマーケットメーカーと同じ水準で売買したいところですが，指値の先頭に並ぶことはほぼ不可能です。前方に並んでいたマーケットメーカーの指値が消え，後方に並んでいた自分の指値がようやく約定するころには，すでに先物の値段が変わっていて，その時点では有利な価格ではなくなっています。

待っていても結局不利にしか約定しないので，むしろマーケットメーカーの指値に対し，積極的に取りにいくほうがよい結果になることが多いでしょう。

⑵　プット・コール・パリティによる裁定戦略

この裁定取引は，直接完成させることはできません。投資家がインザマネーになった銘柄を反対売買しようとすると，マーケットメーカーはそれを察知して微妙な位置に指値をさらしてきます。それから投資家の動きを探るように，先物の動きに合わせて指値を上下させてきます。投資家ができるだけいいところで約定しようとすると，マーケットメーカーとの間でいたちごっこが続きます。

相手は自動運転しているロボットですから，いたちごっこを際限なく続けることもいといません。投資家はここぞと思うタイミングで腹を決めて，マーケットメーカーの指値を取りにいくしかありません。マーケットメーカーは約定した瞬間にプット・コール・パリティを使って裁定取引を完成させます。

投資家としては，マーケットメーカーに利益を多少献上することで，流動性のまったくないインザマネーになった銘柄でも反対売買を実行できるのです。

(3)　デルタニュートラルによる複製戦略

オプションに対して先物を使って連続的にヘッジしていく戦略です。これは最初から厳密にヘッジを入れる場合と，最初はヘッジを行わず少し危なくなってから後追いでヘッジを行う場合があります。

この戦略の特徴は，デルタをどういうタイミングでどこまでニュートラルにしていくかということです。デルタニュートラルを厳密に追求していけば，マーケットメーカーの行うトレーディングにかなり近くなり，大雑把にやるのであれば，個人投資家でも実行できます。

売ったオプションに対して先物を順張りでトレードすることで，オプションの損益を相殺し，変動の鞘を取ることができます。売ったオプションより日経平均の変動が少なければ，利益になる可能性が高くなります。

オプション売りに対する複製戦略は先物の順張りトレードとなりますが，反対にオプション買いに対して複製戦略を実行することもできます。この場合，先物は逆張りでトレードします。

オプションがインしそうになるとヘッジの先物売買が殺到するという話がよく出てきますが，実際には反対の戦略を行う投資家がいるので，どちらの力が勝っているかは何ともいえません。少なくとも個人投資家が，オプションの買いに対する複製戦略をあまり行わないことだけは確かです。

第7節 SQ関連取引

SQに関してはさまざまな勘違いや誤解が多いようですが，一般投資家にはあまり関係のないことなのであまり気にする人はいないのかもしれません。そうはいうものの，「幻のSQ」というようなまったく根拠のない表現をいまだに使っている市場関係者がいることには驚きを隠せません。

(1) SQの需給

SQまで建玉を持ち越す目的や理由は，以下のように4つに分類できます。

① 先物を現物バスケットに乗り換えるため
② SQ値を予測して積極的に利益を狙うため
③ ずるずると決済し損ねたままSQを迎えたため
④ 大幅利食いになったので，最後は宝くじ感覚で自動決済させるため

SQというのは，決済せずに持ち越された建玉を売り方と買い方双方にとって客観的で公平な数値を使って清算する制度です。SQでは数百億円から数千億円の現物が取引されますが，それらは満期を迎えた先物が清算されてしまう代わりに，同じ価格で現物バスケットに乗り換えることが目的です。ただSQ値を使って，**いわば事務処理的に乗り換えるだけ**なので，乗り換える価格がいくらになろうと通算した損益には影響はなく，当事者はSQ値にまったく関心はありません。当事者にとっても意味のないSQ値を，まったく関係のない第三者が取り上げて，特別の意味を持たせることはナンセンスです。

短期にせよ長期にせよ投機目的で先物を売買するのであれば，わざわざいくらになるかわからないSQ清算に持ち込む必然性はまったくありませ

ん。少なくとも，まともなトレーダーだとはいえません。勝負を続けたいのであれば，次限月に乗り換えて好きなタイミングで決済すれば済む話です。したがって，②や④を選択する投資家や投機家は，本来少ないはずですが，相場展開によっては③を行う投機家や投資家が少なからず存在します。

SQを有利に動かす取引を意図的に仕掛けることは可能ですが，それがうまくいくためには，たまたま反対側に②③④に該当する**運任せでSQを迎える不特定多数の投資家**が必要です。

もし②③④に該当する投資家がいないにもかかわらず，強引に動かそうとしても，自分の有利に動かしたいポジションの相手方がSQで自分の動かしたい方向と逆の現物売買を行います。これを上回る売買をしない限り思惑どおりにはならず，たとえ思惑どおりになったとしても，そのために使った現物をSQ後に反対売買しなければなりません。どう考えても割りの合わない取引です。

⑵　限月間スプレッド

限月間スプレッドとは，異なる満期を持つ２つの先物の一方を買い，もう一方を売る取引です。先物と現物との間にはキャリーコストという価格差があります。このキャリーコストは満期までの金利と配当によって決まっているので，異なる満期を持つ先物同士の差は，それぞれのキャリーコストの差となります。

限月間スプレッド取引

先物限月間スプレッド取引は，異なる先物の価格差の伸縮を狙って取引します。個人投資家の方にはなじみがないと思いますが，取引所は先物の**限月間取引という特殊な取引**を提供しています。これを使えば，価格差そのものをあたかも１つの商品のように，しかも１円単位で売買できます。

この先物間の限月間スプレッドの需給は，SQで行われる現物株の売買に大きな影響を与えます。

限月間スプレッドの買い：
- 期近の先物を新規で売り，期先の先物を新規で買う。
- 期近の買いを決済して期先の買いに新規建てする。

限月間スプレッドの売り：
- 期近の先物を新規で買い，期先の先物を新規で売る。
- 期近の売りを決済して期先の売りを新規建てする。

期近の先物と期先の先物をそれぞれの板上で個別に取引すると，２回分のアスクビッドコストがかかります。また，需給としてはニュートラルであるにもかかわらず，片方だけが約定してしまうと，需給が一時的にズレてしまいます。こうした限月間の面倒な取引を，価格差だけを使って１回で取引するのが限月間取引です。

いったん価格差だけで約定を確定したのち，**ルールに従ってそれぞれの限月に振り分けて正式な約定価格**が決まります。決済・新規の乗り換えだけではなく，新規・新規の両建てポジションも作ることができます。

どのくらいの価格差で乗り換えをしているのか，売り方買い方のどちらが積極的に乗り換えを行っているかが，先物の取引板を見るのとまったく同じようにガラス張りで見えます。

限月間取引ができるようになるまでは，それぞれの限月をそれぞれの板上で売買していたので，それが**余分な需給を生み出し，SQ前は決まって乱高下が激しく起こっていました**。SQ週の水曜日が荒れるといって警戒するのは，限月間の乗り換えをせっせとそれぞれの板上で行っていた時代の名残です。限月間取引が１つの取引でできるようになった今，根拠のないアノマリーにすぎません。

当時はある程度限月交代が進んでしまうと，期近の商いは急速に細ってしまい限月間乗り換えに絡む変な動きは収まる代わりに，期近の取引が難しくなっていました。

限月間取引が導入されてからは，こうした乗り換えがいつでも１つの取引でできるようになり，そのおかげで，期近の流動性が満期直前まで期先と併存するようになりました。

理論的な価格差

限月間の理論的な価格差は，金利と配当によって決まりますが，実際の価格は需給によって決まります。

満期の異なる先物間のスプレッドを取引するのは，スプレッドが平均回帰することを狙う統計的裁定取引ですが，期近先物の満期においてSQ値で現物バスケットに乗り換えることで，期先との間で完全裁定取引に移行することができます。

	買いポジション	売りポジション
SQ前	期近先物	期先先物
SQ	期近先物SQ清算 →現物バスケット	期先先物
SQ後	現物バスケット	期先先物

限月間スプレッドをこのように乗り換えれば，リスクはありません。期先のSQで現物バスケットを売れば，利益が確定します。

期先の先物

限月間取引は，２限月以上先の期先を売買したいときにも便利です。基準となる先物の動きに合わせて指値をわざわざ動かさなくても，基準となる先物との価格差を直接指値しておけばいいのです。売買水準を固定したければ，あらかじめ期近でポジションを建てておくことで，成立したスプレッド差で期先のポジションに移すことができます。

残念ながら，個人投資家向けに限月間取引を提供している会社は，本書執筆現在，IB証券しかありません。オプションプレーヤーには人気の会社です。この会社に口座のない投資家は，それぞれの限月に対して丁寧に指値をして売買するしかありません。

第８節　ETF分配金捻出取引

レバレッジのない通常型の日経平均連動型ETFは，資産のほとんどを現物バスケットで保有しています。銘柄入れ替えがない限り，現物株をまとまって動かすことはほとんどありません。新規設定や解約も現物バスケットを受け渡すことによって行われるので，管理の手間はほとんどありません。

(1)　配当金の運用

現物を動かすことはほとんどない代わりに，企業の配当金に対して先物を使った運用が行われます。配当金の支払いは３月と９月に集中しており，ETFの分配金は年間の配当金を原資にして年１回７月上旬に行われます。配当金を分配するまでそのまま現金で保有するのではなく，先物を使って運用しています。

まず，配当権利が確定した日の前後で配当分の範囲内で先物を買います。３か月後に入ってきた配当金のうち分配金に回さない部分は現物株を買って先物を決済します。７月の分配に回す分はそのまま現金にしておき，先物の運用を分配直前まで続けます。７月の分配に合わせて先物の決済を行い，分配金が支払われます。

(2)　分配に伴う先物の売り

日銀の買い入れによってETF残高が膨らんでいるので，毎年７月の分配金支払い時期に，ETFから分配金捻出のための先物売りが出ることが市場の話題となります。証券各社がETF残高から分配金の予想額を計算していますが，運用会社が配当金の運用を分配実施直前まで続けているとは限りません。それまで運用してきた先物は，３月末の配当金を受け取る６月末頃から少しずつ決済されていると思います。そのような作業が進んだうえで分配基準日を迎えるので，分配金総額分の先物がすべてこの日をめがけて集中的に決済されるというわけではありません。

運用会社の公表する運用資産の中身を丁寧に追いかけていけば，より正確な分配金捻出のための売り金額が推定できますが，そこまで追いかけて分析したレポートは見たことがありません。

第5章
日経平均トレーディング

先物と現物の力関係

日経平均を対象にした商品はたくさんあります。どの商品を取引するにしても，日経平均先物が何らかの形で関与しています。

本来は日経平均構成銘柄がまずあって，それを使って日経平均が計算され，最後に日経平均先物が登場するわけですが，実際の力関係は逆になっているといってもよいでしょう。日経平均の短期的な動きは，日経平均先物の需給によってほとんど決まってしまうのです。

構成銘柄を操作して日経平均を動かすという話はよく出てきます。いかにももっともらしいのですが，ほとんどの場合は単なる勘違いにすぎません。日経平均構成銘柄を操作しただけでは日経平均はそれほど動かないのです。そもそも先物プレーヤーは，日経平均の動きをあまり気にしていません。

日経平均先物が動いた結果，それに辻褄を合わせるように構成銘柄が動いていることのほうが圧倒的に多く，日経平均を意図的に動かすというのは，原因と結果を取り違えた錯覚にすぎません。日経平均を腕力で動かそうとするチャレンジャーはたまに現れ，ほかの条件がうまくかみ合ってたまたま成功することもありますが，狙った方向に動かせずに失敗することのほうが圧倒的に多いと思います。

そのようにわざわざ構成銘柄を強引に売買しなくても，先物の需給が少し傾いて先物の回転が効きさえすれば，日経平均は簡単に動いてしまいます。おかしい，変だと考えている間に，どんどん動いてしまうのです。

まず，先物ありきなのです。構成銘柄を動かすとか，操作されている，というような考えを捨てることが先物を使いこなすための第一歩なのです。

構成銘柄の需給が働くとすれば，日経平均を動かす方向ではありません。**むしろ先物が過剰に動いたときのブレーキ役**としての働きをするのです。つまり，いくら日経平均先物が動くといっても，構成銘柄の需給を完全に無視して好き勝手な動きができるのではなく，先物が動ける範囲はある程度決まっているということなのです。

参加者の裾野は，現物市場のほうがはるかに広く大きいにもかかわらず，日経平均に対する短期的な影響力は，参加者の裾野が狭い先物市場のほうが大きくなっています。現物市場にしか目がいっていない投資家が，先物に引っ張られて不思議な動きをする日経平均に振り回されてしまうのは，至極当然のことなのです。

第１節　現物取引との違い

妥当水準

個別銘柄には，企業の稼ぐ力と金利水準にある程度対応する妥当な水準があります。証券会社のアナリストたちが企業を訪問したり，財務諸表を分析したりして目標株価という目安を投資家に示してくれます。現物株の投資家は，いろいろな証券会社が出す目標株価を参考にしながら投資を行います。

この目標株価というものは，客観的な数字に基づいていろいろな角度から分析が行われ，最後はアナリストが主観的に考えた，企業の総合的な価格だといえるでしょう。投資家もそれをそのまま鵜呑みにするのではなく，自分なりに妥当と思う水準を考えているのではないでしょうか。超短期でトレードする投機家を除き，このような考え方が中心となって現物市場は成り立っています。

逆張り

現物市場においては，投資家が妥当だと考える水準より株価が高くなれば市場全体としては売り手が増え，妥当だと考える水準より株価が低くなれば市場全体としては買い手が増えていきます。つまり，現物市場においては，**上では売り，下では買いという逆張りする力**が働いているのです。

ただし，環境の変化によって妥当水準や目標株価に対する考え方が一気に変わるようなときは，逆張りの力は弱まると同時に短期トレーダーの影響力が強くなり，株価の変動は大きくなります。環境の変化に対応した新しいコンセンサスができ上がるまでは，乱高下を繰り返しながら徐々に新しい妥当水準というものができ上がっていきます。新しい妥当水準が見えてくるにつれ逆張りする力が回復すると同時に，短期トレーダーの影響力は小さくなっていきます。

日経平均の目標値

日経平均構成銘柄それぞれの妥当水準を積み上げていけば，日経平均の妥当な水準や目標値を決めることは可能です。しかし，先物市場の参加者の大半は，こうしてでき上がる水準をほとんど意識していません。そういう考え方をする投資家ももちろんいますが，先物市場全体からすればむしろ少数派です。先物市場の主なプレーヤーたちの間には，現物市場のように妥当な水準を念頭に置くという考え方はないのです。

目標値や妥当価格と紛らわしいものに，今現在の日経平均に対する理論価格というものがあります。これは現物先物間の裁定取引をする業者に必要な概念です。先物の代わりに日経平均バスケットで日経平均を保有した場合，先物の満期まで保有するための金利とその間に受け取る配当を考慮したものが理論価格です。端的にいえば，日経平均バスケットと等価交換できる先物価格です。裁定業者は，現物から計算される先物の理論価格と市場で取引されている先物価格を比べ，高いほうを売り，安いほうを買うことで利益を得ています。

作り話のような昔のエピソードがあります。日経平均先物はバブルの最終局面で上場されました。筆者の勤務していた会社で当時の株式部長に突然呼び止められ，

「おい，日経平均の理論価格はいくらだ？」

と聞かれ，当然のことながら金利と配当を加味した価格を答えると，

「何を寝ぼけたことを言っている。低金利，原油安，円高のトリプルメリットで相場は動いているんだ。それを考慮したら日経平均の理論価格は５万円だろ」

と言われ，さすがに株式部長は役者が違うなと妙に「感心」したものです。そのとき株式部長が５万円といったかどうか数字は正確に記憶していませんが，このようなやりとりがあったことは事実です。

日本人

短期トレードにおいては，経済や企業の成長を狙う長期投資の常識とは明確に線を引く必要があります。長期投資は，株を保有することでその会社の経営方針や製品や市場シェアなどを共有することにほかなりません。ある種の信念が求められます。

短期トレードというものは差益を狙って売買するだけであり，時間をかけて正解を求める戦いではありません。むしろ，正解は永遠に見つからないと考えても構いませんし，知る必要もないのです。目の前の価格の動きこそが唯一の真実であり，やられてもうまくいっても気持ちを切らさずに戦い続け，最後はトータルで勝つという強い精神力が要求されます。

短期トレードはそういう性質のものなので，信念を貫いて成功した社会的な成功者ほど間違いを犯しやすい世界だともいえます。相場は実社会に比べてはるかに多くの失敗を繰り返し行う場所で，実社会での成功体験がトレードの成功には何の役にも立たない別次元の世界なのです。成功を収めた人ほど，実社会における成功体験がトレーダーとしての正しい行動を

邪魔します。

短期トレードで戦うためには，すでに説明したとおり，ギャンブルと割り切ったうえで勝負するか，ほかの参加者を上回る「少しだけ特別な」何かを身につける必要があります。ギャンブルとして割り切って一時の享楽を楽しんでもかまいませんが，そのように割り切って挑戦するケースは極めてまれで，**本人は大まじめでギャンブルという意識が微塵もない**ということがほとんどです。

ギャンブルの世界では，他人の判断ミスや，人間心理の認知の歪みにつけ込むことも時には必要で，そうした中にこそチャンスが生まれます。そうしたミスや歪みが市場の値動きにどう現れるかを，できるだけたくさん経験しておくほど短期トレードの世界では有利な立場に立てるのです。

長期投資との違いが理解できない投資家や，運任せでギャンブルに興じる投機家たちに対して，歪みを求めてクオンツ（金融工学を使ったトレーダー）が，トレンドを求めてCTAが，高速取引を使って言語解析アルゴリズムなどの異質な存在が戦いを挑んできます。日本のことは大して知らなくても，彼らには「少しだけ特別な」ものがあるのです。

無機質な参加者がひしめき合う日経平均という戦場において，日本や日経平均のことを彼らよりも少しは知っている日本人ならではの方法があるはずだと思いませんか？

第2節　先物がすべての基本

日経平均先物は，日経平均関連商品の中では仕組みは最も単純でありながら，危険度はかなり高い商品です。先物以外の危険度の低い関連商品を売買する場合でも，先物の知識はあったほうがよいと思います。なぜかというと，先物が日経平均関連商品の動きの大元となっているからです。

⑴　先物市場というところ

参加者の思考

先物市場の大多数の参加者は，現物市場の参加者とは異なる考え方をします。ほかの先物と比べても，日経平均先物の参加者は極端なような気がします。

先物取引では，目標価格を最初に考えるのではなく，上がったら買いが増えるのか売りが増えるのか，下がったら買いが増えるのか売りが増えるのかを，まず考えます。これをベースにして逆張りで攻めるか順張りで攻めるかを決め，参入タイミングを図ります。ファンダメンタルズを基本に置く長期投資において，上がったら買いが増えるという考え方は存在しません。

上がったら売りが増え下がったら買いが増えると思う参加者が多ければ，積極的に攻める動きは起きにくくなります。そのような日は先物市場の動きはだるいほどおとなしく，現物市場の需給と整合性のとれた安定した相場展開になります。

先物市場で逆張りの動きが強くなると，オプション市場におけるインプライド・ボラティリティーが低下して，逆張りの動きをさらに強固なものにします。このような状況が一変するには，**予想外のイベント**が突然起こるか，**予想されたイベントにおいて予想だにされなかった結果**が出るのを待つしかありません。

反対に，上がったら買いが増え下がったら売りが増えると思う参加者が多ければ，参加者は動きが出ればまず乗ってみようとします。もし思惑どおりに買いが買いを呼んだり，売りが売りを呼んだりして回転が効くようになれば，現物市場の需給とは整合性のとれない不安定な相場展開になります。

しかしながら，現物市場からの逆張り圧力がかかり続けるので，先物市場で際限なく回転が効くわけではありません。どこかで順回転は止まります。この関係は人間とリードにつながれて散歩している犬に似ています。現物市場が人間で先物市場が犬です。犬は興味のあるものを見つけたら本能的にそちらに行こうとしますが，人間はゆっくりと反応します。**リードが伸びきってしまったら犬はそれ以上行きたい方向へは簡単には行けません**。

このようなことが起こるのは，先物市場には現物市場の細かい現象にほとんど関心のない投資家が大勢いるためです。まったく関心がないわけではなく，うっすらと概観はしているけれどあまり精査はせず，難しいことを考えるよりもまず直感や好奇心を重視して犬のように行動するということです。

需給ギャップ

その結果，現物市場と先物市場の間に大小さまざまな需給ギャップが生じます。でもこれは大した問題ではありません。裁定業者が現物と先物の間に生じた需給ギャップをうまく埋めてくれるからです。裁定業者に相場を動かそうという思惑はなく，淡々と両方の市場の需給ギャップを埋めることで収益を得ているにすぎません。

先ほどの人間と犬の関係に当てはめれば，裁定業者はさしづめ犬をつなぐ**リードという補助器具**ということになります。単なる補助器具ですから，単独では人間も犬も動かすことはできません。リードがぴんと張ったときにお互いの動きを引っ張り合う働きをするのです。

裁定取引によって短期間に需給ギャップが収束する場合もあれば，先物市場の力がかなり強く，新たな参加者が相乗りしたり既存の参加者がポジションを上乗せしたりするような相場展開では，先物主導で長い時間にわたって需給ギャップが続き，裁定業者はこのギャップを埋めるためにフル稼働することになります。

こうした現物市場と違う思考で動く先物市場のプレーヤーたちの種類と特徴と，現物市場とは異なる価格形成メカニズムをある程度理解しておかなければ，先物市場で生き残ることは容易ではありません。

一般的に先物プレーヤーは，先物に流動性さえあれば現物市場の動きをほとんど意識しません。指数先物は特にその傾向が強い商品であり，日経平均先物はその中でもキング・オブ・キングといえる存在です。

したがって，現物市場が閉じている時間であっても平然と取引が行われます。仮に現物市場の取引時間が１日１時間だけだったとしても，日経平均先物は残りの23時間ほとんど問題なく取引されるでしょう。

(2)　手法よりもまず思考法

このような特性を持つ先物の正しい対処法は，手法の前にまず正しい思考法ありきです。手法というものは，正しい思考法の上に乗ってこそ機能するものです。思考法が間違っていると，手法をいくら追いかけてもうまくはいきません。手法については，万人に通用するものは存在しないので，手法を身につけるのは後回しでもいいくらいです。

日経平均の先物から利益を生むための思考方法は，ほかの先物なども含め短期売買に共通したものが大半です。現物株や長期投資のための思考法とはまったく異なります。プロ投機家であれば，失敗を繰り返しながら体得していることです。しかし，個人の投資家が自己流で売買しているだけでは，なかなか気づけないようなことばかりです。

単純な割に危険な世界

先物やFXのような商品の**取引をすること自体は，とても簡単**です。必要となる知識は，損益の計算方法と証拠金のルールぐらいしかありません。１時間も勉強すれば誰でもすぐに始めることができるでしょう。

損益の計算は，売りコストと買いコストの引き算と倍率の掛け算だけで済んでしまいます。証拠金のルールは重要ですが，資金力の大きい人はもちろん，資金力がたとえ少なくてもレバレッジを適切に保っている限り，あまり詳しく知らなくても問題ありません。そもそも，先物取引ではいきなり**証拠金ギリギリまで張ってはいけない**のです。

先物のように上げ下げだけで勝負が決まる商品には，自動車のハンドルのような遊びの部分がありません。損益は常に直線的に変化し，誰かから富をぶん取らなければ自分は生き残れないというシンプルな仕組みです。

世の中には，いろいろな儲かる手法が出回っていますが，そのようなものがあると考えること自体，すでに負け組の予備軍になっています。簡単に儲かる手法がわずかの資金で手に入るなら，いったい誰が負け組になるというのでしょうか。

実践経験

困ったことに，みなさんに対して「先物が――」といって相場解説する人たちのほとんどが，実践経験はありません。現物株ですら自分では売買をしたこともない人も結構います。業界で働いているといろいろ制約や規約があって取引できないのは仕方のないことですが，実践経験のない人たちが実践経験のあるみなさんに解説をしているというのが現実だということは，注意していただきたいところです。

実践経験はみなさんのほうがはるかに豊富です。足りないものは正しい思考法です。「先物が――」といっている人たちを見分ける感性は，まず必要となるものです。

日経平均先物はすっかりメジャーな商品になりましたが，先物に対する多くの投資家の認識は，先物が始まってからほとんど変わっていないように感じます。そのころの間違った認識（SQにおける現物売買のメカニズム，幻のSQ，裁定残高の認識，オプション建玉の誤解など）が，廃れずにいまだにはびこっているところを見るにつけ，つくづくそう感じます。本物のプレーヤーたちはおとなしく目立たないように潜って行動し，たまたまうまくいって勘違いした投資家やトレードをしたこともない解説者が，いろいろなメディアにおいて幅を利かせているからではないでしょうか。

⑶　人間トレーダーとして

短期決戦を繰り返して最終的に勝つために，絶対に必要なことがあります。短期トレードに振り分ける資金は限定したうえで，リターンに関しても高望みし過ぎないことです。初心者の多くがこの反対をやってしまいます。小口の資金でいきなり取引を始めるのは我慢をして，まずは少しでも資金を貯めることから始めましょう。

分散戦略の観点からも，ハイリスクな手法への配分は適量を保つべきです。無理のない資金を投入することで，無機質な相手と戦うために，人間トレーダーとして最も活用すべき**冷静な想像力**を発揮できる状態を維持できるのです。

短期トレードにおいては，たとえ同じ相場想定で同じ戦略を使って実際に同じタイミングでエントリーしたとしても，その後のトレード展開は人によってまったく異なってしまいます。

人間トレーダーは，評価損・評価益を目の前にするといろいろな思惑が巻き起こり，冷静な判断力を失ってしまいます。判断力の失い方は人生経験に大きく関係しているので，人によって異なる行動を起こしてしまうのです。それが人間トレーダーの宿命です。その点，ロボットは必ず事前に決めたアルゴリズムに従って淡々と行動します。しかし，環境が激変して明らかに理不尽な局面でも，ロボットは行動を思いとどまることはありません。

結局のところ，どっちもどっちなのです。

初級者の間は，ロボットと同じようにあらかじめ決めたルールに淡々と従うことで，どのようなときでも平常心を保って損切り・利食いを確実に行うコツを学ばなければなりません。これはまさに,「運のいい愚か者」がおろそかにしがちな作業です。

しかし，ルールに従うだけではいつまでたっても，ロボットにはかないません。やはり，人間トレーダーならではの判断や裁量を働かせることが，ロボットたちとの唯一最大の差別化要因です。ロボットたちも，生き残るためにプログラムを必死にアップデートしているわけですから，人間トレーダーはその上をいかなくてはなりません。

テクニカルや一定の手順だけで勝てる方法があると主張する人たちもいますが，筆者はそんなことは絶対にないと思っています。そういう人に限って，なぜかその「秘密」をほかの人に教えたがるのは何をかいわんや，ということではないでしょうか。

第3節　先物におけるゲームのルール

(1)　合法的なギャンブル

先物はギャンブル

日経平均を対象とする派生商品取引は，1980年代から少しずつなし崩し的に始まっています。法制上は限りなく黒に近いグレーな領域でした。当局にお伺いを立てに行くと即刻黒の判定を受けてしまうので，各社それぞれの経営判断で理論武装したうえで，特定の顧客を相手に細々と進めていました。

当時は各種の派生商品どころか，最も公明正大な先物ですら刑法上の賭博に当たるとみなされていました。指数先物と指数オプションを上場するためにはどうしても証券取引法（当時）の改正が必要でした。実体のある個別の株式ならまだしも，単なる計算上の数字にすぎない指数を対象にして取引を行うことを賭博の枠外に置くことはできなかったということです。

結局，刑法はそのままにして先物やオプションを有価証券の一種と定義することでこの大きな壁を乗り越えました。

そうした法律の改正を待たずに見切り発車で行われていた取引の代表的なものが，変動金利と日経平均のリターンを交換するという変則的な金利スワップです。金利スワップとは，本来固定金利と変動金利を交換することを指しますが，この変動金利に株のリターンを当てはめることで，先物やオプションと同様の商品に仕立てていました。

それ以外にも，国内の規制を逃れて海外ペーパーカンパニーを使った相対取引もじわりじわりと広がっていきました。

派生商品をめぐって国内でもたついているころ，すでに米国では，商品市場から始まった先物やオプション取引が金融商品に広がっていました。

日本では，商品先物はいまだにさえない存在ですが，米国でこのころ生まれた商品投資顧問（CTA）が今では世界をまたにかけ，とりわけ日経平均先物に大きな影響を与えているのは，興味深いところです。

英国では，ブックメーカーと呼ばれる賭け屋が株価指数や個別の株価を賭けの対象にしていました。しっかりギャンブルとして位置づけ，賭け屋が扱うという潔い慣行でした。やがて，インターネットを使って賭けることができるようになり，CFD（証拠金による差金決済取引）へと進化していきました。

日経平均を使った「ギャンブル」は欧米に遅れてようやく合法的な金融取引となりましたが，こうした歴史的な経緯を振り返ると，派生商品に対する考え方や扱い方が欧米に比べいまだに周回遅れなのも致し方ないと思えてしまいます。

基本は当てもの

日経平均先物というギャンブルゲームに勝つためには，日経平均がいくらになるかを当てなければいけません。鉛筆を転がそうが，占いを使おうが，構成銘柄の要因を積み上げても，複雑な算式で値動きの特性をモデル化しても，単なる勘でも，方法は何でもいいのです。手法は無限に存在します。

しかしながら，現物市場との関係を考えればまた違った側面が見えてくることも確かです。投資家からすれば，ギャンブルとみなして参加することもできるし，有価証券とみなして参加してもよく，どっちが正しいかということにあまりこだわる必要はありません。構成銘柄との関係を考えながらも，同時にギャンブルとしての視点をしっかり持つことが基本になると思います。

先物の特徴

先物というギャンブルは，結果が出るまでじっと待つのではなく，いったんポジションを持ってしまえば決済のタイミングを選べるところが大きな特徴です。やめ時を自分で選べるという点はパチンコやパチスロと似ています。**どこまで勝負を続けるかによって結果が変わってくる**ので，出口の選び方は入口と同様に重要になります。

パチンコやパチスロは収束していく確率があらかじめ決まっているので，確率のいい台に座ったら閉店までやり続けるということが必勝法になります。確率の悪い台に座ってもたまに勝てることもありますが，できるだけ早くやめることが長期的な必勝法になります。

パチンコやパチスロとは違い，日経平均先物には収束していく確率というものが決まっていません。教科書的には，上がる確率と下がる確率は同じであると仮定しますが，実際にはそうではありません。ランダムウォーク理論や効率的市場仮説と呼ばれるものは，予想される大体の事象は織り込まれているとしますが，これも怪しいものです。

まず，織り込まれているとされる事象が何なのかがよくわかりません。投資家や集団によっても違っています。例えば，インサイダー取引は禁止されていても，インサイダーを握った一部の集団が株価を動かしていることは否定できません。インサイダー情報ほど株価や日経平均に対する影響ははっきりしないまでも，特定の情報を特定の集団が共有していることもあるでしょう。

また，まったく予想していない事実やニュースが出てきたときにすぐ行動を起こせる投資家と，行動に移すまでに時間がかかる投資家がいます。情報が伝わる速度の差は昔に比べ相当小さくなりましたが，たとえこの差がなくなったとしても，投資家の行動には必ず時間差が生じます。先物市場の参加者は現物市場の参加者に比べ機動的に動く投資家の割合が高く，**大きな動きは先物市場で先行**して起こります。

ランダムウォーク

こうしたことから，特に先物市場においては，一見ランダムに見える動きの中にも，ランダムではない動きが必ず現れるようになっていると考えてもよいでしょう。一定時間が経過してこなれた状態になった価格同士を無作為に選んでリターンを比べるとランダムともいえる範囲に収まるので，教科書的な考え方もあながち否定はできません。

ややこしいかもしれませんが，**ランダムではない特定の動きが出た後に落ち着く先はランダムである**と理解すれば，現実の世界と教科書の世界に実は大きな矛盾はないと考えることもできます。

先物市場における必勝法は，こうしたランダムではない継続した動きにどれだけうまく乗れるかにかかっているといってもよいでしょう。ランダムではない動きは，ミリ秒，数分，数時間，オーバーナイト，数日，数週間，どのくらい続くかはわかりません。ランダムではない動きがランダムに発生し，ランダムな時間継続するので，結果的にランダムのように見えるということです。

日経平均は，取引対象としては好ましくないところがいろいろありますが，そうはいっても株価指数です。株価指数は個別株よりもインサイダー取引や株価操縦などの入る余地が少なく，効率的で儲けることはできないとする実証的な検証もたくさんあります。しかし，効率的だとは思えないほど儲け続けている投資家は大勢います。この事実をどう消化し，効率的とされる市場とどう折り合いをつけるのかは，短期決戦に臨むにあたってまず頭の中をきちんと整理しておきたいところです。

そのような面倒なことを考えるのはやめて，最初から「当てもの」だと割り切ったうえで，楽しんでももちろん構いません。なくなってもいい資金でレバレッジをかければ，うまくすれば億万長者になれるかもしれません。還元率がたったの50%しかない宝くじよりはよっぽど可能性は大きいのですから，**割り切ってさえいれば「運のいい賢者」にもなりうる**わけです。

ほとんど危ない目に遭わずに大金をゲットする投資家も何万人に１人や２人いるでしょう。しかし，運で勝ったものは，さっさと勝ち逃げしなければなりません。「運のいい賢者」であればできるかもしれませんが，現実的には，いい加減な方法でたまたまうまくいったにもかかわらず，それを必勝法だと勘違いして深みにはまってしまう「単なる愚か者」のほうが圧倒的に多いのです。

⑵　ゼロサムではない

日経平均を使った「ギャンブル」は，欧米に遅れてようやく合法的な金融取引となりました。単なる「ギャンブル」であれば，負けた投資家の資金が勝った投資家に回るゼロサムにすぎませんが，先物は少し違います。現物市場をまたいだ取引があるからです。

プラスサムの仕組み

裁定業者は，構成銘柄と日経平均先物をまたいで取引します。裁定業者によって現物市場のパイの増減が先物市場に移管されます。つまり，大元である現物市場が上昇すると，日経平均先物のパイも同じように膨らむのです。

その仕組みは，裁定業者が現物買い先物売りのポジションを抱えることにあります。裁定業者の先物の売りが損失になる分だけ，その売りに対等する分だけ買い方全体に対してプラスアルファが発生するのです。それ以外の部分に関しては，買い方と売り方同士のゼロサムであることには変わりはありません。

現物市場のパイが膨らめば，先物市場のパイも膨らみ，ゲームはゼロサムからプラスサムに変わります。逆に大元の現物市場が下落すると，先物市場のパイも縮んでしまいます。パイが縮めば，ゲームは一転マイナスサムになってしまい，カジノより分が悪くなってしまいます。マイナスサムの状況では，常に売りから入ることが唯一の分のいい方法となります。

上げ相場においてプラスサムになる状態では，レバレッジさえ落とせば現物株の代わりに先物を使っても，十分長期投資ができるということを意味します。しかし，せっかく裁定業者が現物市場から運んでくれた値上がり益を，レバレッジをあまりかけない長期投資家にまるまる持っていかれてしまえば，**残された短期投資家同士では結局ゼロサム**にならざるを得ません。

下げ相場でもプラスサム

話はこれで終わりではありません。これはあくまでも裁定業者が現物買い＋先物ポジションを持ち続けた場合の話です。裁定業者が現物買い＋先物ポジションの状態である限り，先物市場のパイは現物市場のパイと同様に伸縮します。

もし裁定業者のポジションが現物売り＋先物買い（逆裁定）の状態に変わったら，下落相場において裁定業者の先物買いの損失分に見合う分だけ，先物市場にプラスアルファが発生します。このような状態になってしまえば，先物市場は下げ相場においてプラスサムが実現するのです。先物市場というところは，裁定業者という橋渡し役がいることでゼロサムピッタリということはほとんどなく，プラスサムになったりマイナスサムになったりする不思議な場所なのです。

⑶ 利益の源泉

短期決戦に参加する前に，利益がどこから来るのかを知り，納得しておきましょう。短期決戦は**基本的にはゼロサムの世界**です。しかも学者が行う実証研究によって，市場は効率的だと思われる結果がいくつも示されています。その世界で，うまく立ち回って利益を出そうとしているわけです。あなたはいったいどこから利益を上げようとしているのでしょうか？

最初の頃はあまり深く考えないかもしれませんが，取引を続けていくうちに「本当に勝てる方法というものが存在するのだろうか？」と壁に何回もぶつかります。やり方が悪いのか，資金管理やリスク管理の方法が悪いのか，あるいは単に相場観が悪いのか。そんな悩みを解決するためにも，利益がどこから来るかについて改めて整理し，それなりに納得することが解決の糸口となるでしょう。

ランダムのようでランダムではない

効率的市場仮説が想定するとおり，価格がランダムにしか動かないのであれば，相場に隙はまったくありません。トレンド自体存在せず，トレンドから順張りで利益を出すことは不可能です。トレンドのように見えているものは，たまたまということになります。実際にコンピュータでランダムに株価を発生させたチャートを表示すると，いくつもトレンドらしきものは発見できます。それを本物のチャートと区別することはほぼ不可能です。

しかし，現実の世界では，仮説が示すように均衡状態から均衡状態へ瞬時に価格が移動するわけではなく，**新しい均衡状態へ向け市場参加者が入り乱れて試行錯誤を繰り返し**，少数意見が徐々に賛同を得ながら価格は移動を続け，多数意見となったときにようやく織り込みが終了すると考えられます。

このような途中のプロセスはランダムではない動きを生み出し，トレンドを形成します。効率的市場仮説はこのようなプロセスの存在すら全面否定しているのです。あなたはどちらが正しいと感じますか。

遅い投資家

株価に大きな影響を与える機関投資家は，組織決定しなければ動けないことが多い仕組みになっています。説明責任を重視するあまり裏付けを取りすぎて，相場の変局点における行動が遅れがちです。特に日本の運用会社は，給与や昇進体系に減点主義の要素が少なからず残っており，勝たなくても負けなければいいという横並び意識が働きやすいところです。そんな彼らの行動は遅れるべくして遅れがちで，彼らの影響は遅れて市場へ順次波及していきます。

さらに，彼らはファンダメンタルズデータを重視するので，ファンダメンタルズを分析している間に上昇相場が起こった場合，組み入れ比率が足りなかったり，下落相場で組み入れ比率が高くなりすぎたりして浮足立ちます。相場の動いた後から説明責任を果たすような理屈を考え出し，そこでようやく行動を起こします。このような行動のズレは，トレンドを引き起こす大きな要因になると考えられます。

本物のトレンド

特定の２地点間の動きは事後的にはランダムにしか見えなくても，ランダムにしかすぎない見せかけのトレンドに混じって，本物のトレンドが混じっています。こうした本物の動きがランダムに発生していると考えれば，効率的市場仮説やランダムウォークと決定的な矛盾はないはずです。つまり，市場においては**本物のトレンドがランダムに発生**しており，機械的に選んだ２地点間を計測するとランダムに見えてしまうだけなのです。

ランダムではない本物のトレンドが長続きするためには，少数意見が時間をかけて多数派になるという背景が必要となります。たとえ，そういう背景が実際にあったとしても外見からはトレンドのように見えないランダムな動きをすることもありえます。しかし，**多数派が形成される過程を経て最終的には必ず水準が変わっていく**ので，外形的にもトレンドを形成することのほうが圧倒的に多いと考えてもよいはずです。

また，意見を特に持たない順張りプレーヤーが流れに乗って順次参加してくる場合でもトレンドのような動きになります。ただし，このトレンドは，新しい価格水準が新しい意見を生み出すか遅れた投資家をおびき寄せない限り，やがて消滅してしまいます。これが見せかけのトレンドの正体です。

後から線を引けば必ずトレンドは存在する

過去のチャートに線を引けば必ずトレンドが見つかります。トレンドになるように事後的に安値と安値，高値と高値同士を引くわけですから当たり前です。コンピュータが生成したランダムな数字を使ったチャートでもしっかりとトレンドラインは引けます。

つまり，どんな相場でも**事後的に過去を振り返ればトレンドを見つけることは可能**だということです。問題はこの先もトレンドが続くかどうかということです。チャートの左を見るのではなく右を見ると，よくいいます。チャート上で発見したトレンドは，過去にタイムトラベルしても，決してその時点においてはトレンドが続くかどうかを正確に見分けることはできません。過去を振り返って初めて発見できるのです。

含み損を抱えた投資家がたくさん線を引きたがるのは，精神を安定させるためです。ありがたいことに，自分の気持ちを和らげてくれる**都合のよい直線は，必ず見つかる**ようになっているのです。

トレンドはトレンドが終わるまで続きますが，いつ終わるかがわかりません。何が反転のきっかけになるのかもわかりませんが，トレンドが終わることだけは確かです。

トレンドは終わる確率より続く確率のほうが高いという意見もありますが，それはこれまでが本物のトレンドだった場合にのみ当てはまります。見せかけのトレンドであれば，この後もトレンドが続く確率と反転する確率は五分五分にすぎません。トレンドに見えるようなものの中に，ただのランダムな動きによってでき上がる見せかけのトレンドも混じっているのです。トレンドのように見えても，トレンドがすぐに終わる確率はちゃんと50％になっているのです。さあ，困りました。これをどう消化したらいいのでしょうか。

全部に参加する

チャートや過去の数字から，トレンドが発生したように見えてもその時点ではトレンドが本物かどうかはわかりません。区別がつかないならすべてに参加するという考え方があります。これがテクニカルの基本的な考え方です。すべてのトレンドの初動に参加した場合，当然損切りの回数も増えます。

トレンドではないと判定した場合は，迅速に損切りしなければなりません。本物がどのくらいあるかということも重要ですが，外れを淡々と切ることはそれ以上に大切です。「運のいい愚か者」は，外れのトレンドに乗ったにもかかわらず，ぐずぐずしている間に**たまたま次に本物の波が来て救われる**という運にめぐまれただけなのです。

あたりを付ける

一方で，すべてのトレンドに参加するのではなく，シナリオや背景を推測し，それに沿う形のトレンドだけを狙うという考え方もあります。ただ漫然と釣り糸を垂らすのではなく，魚がいそうな場所を推測し，いい場所が見つからなければいつまでも辛抱強く待つということです。

魚がいそうな場所を，魚の習性を勉強したり，潮の満ち引きを計算したり，競合する釣り人の流れを分析したり，いろいろな方法で推測することが，餌を無駄に消費しないことにつながるのです。

この方法は**トレンド発生の判断に裁量を入れる**ということにほかなりません。人間がトレードする限り，すべてをルールどおりに行うことは不可能です。迷うような局面で，裁量を入れるか見送るかという判断が必要になります。アルゴリズムは必ず白黒つけるようにプログラムされていますが，人間は柔軟です。それなら，もう少し積極的に裁量を取り入れてもよいはずです。

第4節　水準を当てるトレーディング

日経平均先物を取引する場合，日経平均の水準にあまりこだわりすぎてはいけません。日経平均の水準を予想し，その水準を達成するまでポジションを持ち続けることができれば取引は成功しますが，途中で振り落とされてしまえば失敗です。

むしろ，最初から日経平均の水準を具体的に予想しようとはせずに，単に強そうとか，弱くはなさそうといった感覚を持って取引するほうが最終的にはうまくいきます。

(1)　レバレッジを抑える

もし，日経平均の水準にある程度自信がある場合は，レバレッジをかけずに取引すべきです。いくら予想に自信があったとしても，日経平均は短期的には予想しない動きをすることが多く，短期投機筋の回転がうまく効いたらまったく予想だにしない水準まで動いてしまいます。そうした短期投機筋の動きに振り回されないようにするためには，レバレッジを抑えるしか方法はありません。

レバレッジ2倍

日経平均先物を使って日経平均の水準を当てる取引をするのであれば，途中で振り落とされないようにするためにも，レバレッジを極端に落としておかなければなりません。

レバレッジを落としたうえで長期戦に持ち込むのであれば，先物ではなくむしろ通常の日経平均型ETFやレバレッジ２倍型ETFのほうがよいかもしれません。先物を使うのであれば，**証拠金使用量を10％以内にとどめ，レバレッジを２倍程度**に抑えてください。また，ETFを使う場合は現物取引で行い，信用取引を使わないほうがよいでしょう。

日経平均の目標水準を定めたうえで何回かに分けて取引するのであれば，１回ごとに10％使い切ってしまうのではなく，合計した取引の証拠金を10％以内に抑えなければなりません。うまくいかなかったからナンピンするのではなく，最初からその範囲になるように**計画的に分割して取引**するようにしてください。

先物を使うからには，証拠金をなるべく目いっぱい使って効率よく稼ぎたいという気持ちが働くかもしれません。証拠金を90％も残しておくのはもったいないような気がするでしょうが，証拠金はずっとそのまま90％残り続けるわけではありません。

先物の値洗い

先物の建玉（未決済のまま保有しているポジション）は，引け値近辺で設定される清算価格を使って毎日値洗いが行われます。値洗いとは，**証拠金管理上のコストを清算価格に変更することで生じる計算上の損益**を前日までの証拠金残高に反映させることを指します。あくまでも証拠金管理上の操作なので，建玉の元々のコストは何ら変わりません。

前日の清算価格から今日の清算価格の変化によって生じる計算上の損益を，値洗いによって前日までの証拠金残高に足し合わせたり差し引いたりします。先物口座の中の建玉のコストは変わらなくても，証拠金に日々の損益が反映されており，反対売買しなくても値洗いによって**実質的に損益が日々発生**する仕組みとなっているわけです。

したがって評価損はいくら膨らんでも決済するまでは損失ではないという，現物取引の発想で先物に取り組んではいけません。日経平均が予想に反して逆行し続けると証拠金残高はあっという間に減ってしまいます。

日経平均の目標値を設定し，途中で多少振らされても目標値を変えずに持ち続けるという取引をしたければ，証拠金は90%残しておかないと目標を完遂できる可能性がかなり低くなってしまうのです。

⑵　結果的に水準を狙う

まず方向を考える

先物取引をする場合はあらかじめ目標値を設定するのではなく，まずは方向を当てることに集中するべきです。そうすることで，ほかの大勢のプレーヤーと目線を同じようにすることができ，彼らが何を考えどう行動するかが読みやすくなるという効果があります。先物取引においては，自分がどう考えるかよりも，ほかの大勢が何を考えているかを意識することのほうがはるかに大切です。

途中の山谷を乗り越える

短期の値動きを狙って入ったポジションを温存して結果的に水準を狙う

考え方を紹介します。この考え方は2段階からなります。まず，いかにポジションを温存するかということです。

相場というものは，誰もが予想できる水準に，**誰も事前に予想しなかった経路をとってたどり着く**性質があります。この特性を利用する一番簡単な方法は，ポジションを持っていることを忘れてしまうことです。そのためには，最初からレバレッジを落としてポジションを持つしかありません。しかし，それならわざわざ満期のある先物を使わなくてもいいかもしれません。目標とする水準に最終的に達するまでに，誰もが事前に予想しなかった長い時間がかかるかもしれないからです。

目標を決め長期保有するには，最初からレバレッジを2倍程度まで落としましょうと書きましたが，ここでの考え方はそれとは少し観点が違っています。目先の上げ下げを狙って最初に高いレバレッジをかけてポジションをとった場合の方法です。そのレバレッジの高いポジションをどうしたら精神的な負担を感じずに済むかということになります。

最も簡単な方法

短期の波に乗ったポジションのレバレッジを早めに2倍まで落として，その後は気楽に粘れるだけ粘るという方法です。多少の山谷にはびくともしないで済みます。コロンブスの卵のような方法ですが，さすがにそれだけでは技がなさすぎます。しかも，せっかくリスクをとってエントリーした割には大きな利益は望めません。

そこで，いきなり2倍までレバレッジを落とさずに，小分けにしながらレバレッジを徐々に落とす方法を使ってみましょう。日経平均が節目をクリアするたびに逆指値を置いていき，最後にレバレッジ2倍分のポジションだけを残すという方法です。これも単純な方法には違いありませんが，平気で放置できるポジションだけを残すことが可能になります。

どういう風に逆指値を置くかは，それほど重要ではありません。主要なテクニカルで重要なポイントやほかの参加者が意識しそうなところを考えてください。逆指値の場所にこだわるよりも，**まずこのような考え方を採用することに意味があるからです**。

レバレッジの高いポジションを引っ張る

CTAの運用も，この方法に負けず劣らず単純です。CTAが運用する先物ファンドは，とてつもなく大きなポジションを反転のシグナルが出るまで引っ張ります。普通の投資家なら降りてしまいそうなところでも，シグナルが出ない限り持ち続けます。

こうした運用を可能にしているのは，相関性の低いいろいろな商品に手を出してリスクを分散しているからです。彼らの運用対象は日経平均先物だけではありません。トレンドの出ている商品であれば，商品であろうが貴金属であろうが債券であろうが，流動性さえあれば何でもいいのです。

株式ファンドや債券ファンドが商品先物に手を出す際のハードルは非常に高いのですが，商品ファンドには当初から金融商品を運用してきた実績があります。

CTAにとっては巨大な含み益となったポジションが，結果的に微益で終わろうが損失で終わろうが，一向に構わないのです。しかし，普通の投資家は，このような芸当は真似できません。CTAによって日経平均は振り回されているわけですから，我々としては何か腑に落ちない気分になりますが，CTAとはそういうものだと割り切るしかありません。

普通の投資家がレバレッジのかかったポジションで長い間トレンドに乗るためには，レバレッジを徐々に落とすか，損失の限度額をあらかじめきっちり決めてそこまで相場が逆行したら機械的に決済するしかありません。レバレッジの高いポジションを引っ張るためには，退場しない程度の授業料を払いながら山谷を乗り切る経験を積むしかないのです。

(3)　長期運用

究極のポートフォリオ

長期的な日本の経済成長を信じるのであれば，インデックスを持ち続けるというのは有効な投資手法です。しかしながら，現在の低金利低経済成長は予想以上に長期化しています。低金利に支えられ株式のパフォーマンスは良好ですが，肝心の経済成長のほうは今一つパッとしません。たとえ，長期的な日本の未来に自信があったとしても，長期投資に回す資産は一部にとどめておくべきでしょう。

もし，分散戦略の一環として国内株式に長期投資することを考えるなら，インデックスとしての日経平均は当面の間はまだ使えます。インデックスとしての日経平均とわざわざいったのは，いずれ日経平均先物は淘汰される懸念があるからです。

日経平均の中身はだんだん複雑になってきましたが，それでも加重平均よりも扱いは簡単です。インデックスとしての日経平均の先行きにも危うさがありますが，すぐに消えてなくなることはないでしょうし，もし日経平均先物が衰退し始めたとしても，日経平均がなくなるわけではありません。

先物か現物か

それでは，日経平均を長期投資対象とする場合，どの商品がよいのでしょうか。先物を短期売買のために使うのであればゼロサムゲームにおける奪い合いにすぎませんが，レバレッジを落として長期投資のために先物を使えば意外とメリットがあります。

日経平均の水準を目標にして先物を使う場合はレバレッジを２倍に抑えましょう，としました。目標を決めずに先物を積み立て方式などで長期投資する場合も，同じようにレバレッジは２倍に抑えておきましょう。

現物バスケットは資金が10億円近く必要となり，銘柄入れ替えと小型の分割があった場合には，構成銘柄のウエート調整が必要となります。この手間を考えると，現物バスケットを持つよりは先物の流動性が十分ある間は先物を使ったほうが，個人投資家にとってはメリットがありそうです。

- 経済が成長し日経平均が上昇すれば先物市場もプラスサムになる。
- 銘柄入れ替えに対応しなくても済む。
- 投資信託や，ETFであれば小口でも買えるが，信託報酬がかかる。
- ３か月ごとにロールオーバーするときに，割安に乗り換えられる場合がある。
- 最長８年先の先物が上場されている。

このように先物を使った長期投資には多くのメリットがありますが，それに対する弱点は税制です。現物やETFであれば，特定口座を使えば税金は源泉徴収されておしまいですが，先物は自ら申告する必要があり，現物と損益通算できません。さらに，ロールオーバーするときに損益が発生します。

先物の税率は特定口座と同じ所得税15％，住民税５％ですが，専業トレーダーであれば，利益分が国民健康保険料の対象となる点に注意が必要です。特定口座で納税を完結する限り，国民健康保険料の計算対象にはならないのに対し，先物の利益は国民健康保険料の計算対象となってしまいます。健康保険に加入している会社員には関係ありません。

もっとも，専業トレーダーであったとしても10億円を分散投資の対象として日経平均に長期投資できるほどの資産があれば，国民健康保険料はすでに満額支払いになっている可能性が高く，その場合は現物であろうが先物であろうが都合のよいほうを選べばよいでしょう。

第５節　方向を当てるトレーディング

短期であろうが長期であろうが日経平均先物を取引する場合，最初から日経平均の水準を具体的に予想しようとはせずに，まず目先の方向を予想しましょう。単に強そうとか，弱くはなさそうといった感覚を持つだけでもかまいません。

(1)　先物の醍醐味

先物の醍醐味は，レバレッジをかけた取引で単純明快に短期決戦を行うことにあります。

単純明快な短期決戦

短期決戦の取引はゼロサム状態での戦いなので，誰かの負けが誰かの勝ちという冷徹な世界です。多くの人が買いたくなる前に買って，より高くなったところで決済するか，多くの人が売りたくなる前に売って，より安くなったところで買い戻すかの，どちらかを行わなければなりません。

たとえ短期狙いで入っても，結果として長期保有に持ち込むことができれば，先物だけのゼロサムの世界から現物市場を含めた大きな世界へ移ることができます。現物市場が上昇していれば裁定取引業者以外の損益合計がプラスサムとなります。マイナス部分は現物を買って先物を売る裁定取引が引き受けてくれるからです。

うまく長期戦に持ち込めれば，レバレッジをかけたまま大きな利益を獲得できるかもしれません。最初から長期戦覚悟で入るのであればレバレッジを落とすか，現物を保有しなければなりませんが，短期決戦であればハイレバレッジで入ることが可能です。このように**レバレッジをかけて短期で入り，結果一部を長期戦に持ち込む**というのが理想的な展開です。

レバレッジと損益

レバレッジをかけるといっても海外FXのように50倍100倍という話ではなく，せいぜい20倍程度です。証拠金のレベルは日経平均のボラティリティーによって変わりますが，例えばミニ先物を使えば日経平均300万円分の投機を証拠金15万円程度で行うことができます。

日経平均の年間のボラティリティー（標準偏差で表した変動率）はだいたい25％程度，ボラティリティーの標準偏差は10％程度です。ざっくりいえば，日経平均は年率で25％±10％，つまり15％から35％程度は変動するということです。

15％から35％の変動を１日当たりの変動に換算すると，0.9％から2.2％程度になります。日経平均が３万円であればだいたい270円から660円変動することになります。日経平均が２万円であれば180円から440円です。

１枚当たりの証拠金15万円に対して，１枚当たり日々2.7万円から6.6万円の損益が発生するということになります。同じような計算を日経平均２万円に当てはめると，１枚当たりの証拠金10万円に対し，日々1.8万円から4.4万円の損益が発生するということになります。

証拠金に対する損益率の大きさ，これがまさに日経平均先物の醍醐味です。短期決戦で完結していく場合も，長期決戦に持ち込む場合も，レバレッジのかけ方が重要になってきます。

変動は幅ではなく率で考える

日経平均が上昇するにつれ値幅で見た値動きは大きくなりますが，ここで頭の切り替えができないと先物では微妙な失敗につながります。というのは，多くの投資家は先物の損益を率で考えることはほとんどなく，枚数×値幅で考え，無意識のうちに不合理な行動をとってしまうのです。

例えば，日経平均が２万円のときに100円で利食いしていたのであれば，日経平均が３万円の時には150円で利食いするのが同等な行動となります。

こうした頭の切り替えの難しさは，日経平均が上昇したときにボラティリティーが低下する原因の１つとされています。

商品を除くほとんどの先物は価格上昇ボラティリティー低下，価格下落ボラティリティー上昇という逆相関の関係がありますが，日経平均先物はとりわけこの逆相関性が強くなっています。

日経平均先物のトレードでは，100円の損失を100円の利益で取り戻そうとする投資家が非常に多いということです。多数の投資家が幅で考えるところを自分だけは率で考えるようにすることで，少数派に入れます。効果はすぐにはっきりとは現れないかもしれませんが，ゼロサムの世界において，合理的な少数派の考え方を取り入れるということは，それだけでも微妙な違いを生み，それ以外の考え方や行動にも影響を与えるはずです。

⑵ 需　給

需給と手口は違うものです。需給は抽象的な概念で，実態は誰にもわかりません。手口は需給のほんの一部分を表したものですが，具体的に公表されているのでそれに頼ってしまいがちです。残念ながら，実態とは大きな乖離があります。

手口も含めて，値動きやいろいろな商品間の関係などさまざまな**状況証拠を拾い集めて想像したものが需給**であり，感覚的な要素が多分に入ります。需給についての解説を聞く場合は，**どういう経験を持った人が語っているかを見極める**ことが重要です。

需給を読む

ゼロサムの中で成功するためには，短期的な需給を当てなくてはなりません。先物における需給とは，端的にいえばその**裏側にある投資家心理**です。投資家心理がどのように変化していくかを予想することが需給を読むということです。

需給を読むことを，手口を読むことと勘違いする人がいますが，手口はあくまでも投資家心理の変化を考える材料の１つにすぎません。しかも有効性はそれほど高くはありません。最も需給に関係がありそうですが，手口を有効に分析するためには大阪取引所に現れる手口だけではなく，関係する市場すべてを集計する大変な作業が必要になります。手口は，相場解説をする人の便利なネタぐらいに考えておいたほうがよいと思います。

投資家心理を読むための使える材料は，マクロ経済の動向，主要な個別銘柄のミクロ情報，チャートの形状，板の状態，ティックの付き方，出来高，建玉などたくさんあります。最終的には自分でフィルターをかけ，ほかの投資家の考え方や行動を読まなければなりません。

まずこれらの材料について，幅広く客観的な数字を集める必要があります。この材料に関して自分が意見を持つ必要はありません。この基本的な数字に関して，評論家や専門家がさまざまな意見や予想を述べます。こうした意見や予想をそのまま自分の意見に取り入れてもいけません。多数意見やコンセンサス，マイナス意見のうちいったいどれがマーケットに反映されているかを，距離を置いて考えます。自分も含めたマーケット全体の様子を，自分の目線ではなく，一歩下がって「第三者の目線」から俯瞰することが肝心です。

キーワードは「第三者の目線」です。この「第三者の目線」というのは，心理をコントロールするときにも必要な考え方です。常に自分を客観的にみる「第三者」をそばに置くことで，情報にフィルターをかけながら客観的に需給を読むことができるようになります。

第三者の目線

需給というものは，もともと正確に読めるものではありません。需給を正確に読める魔法のテクニカルやアルゴリズムもありません。それでも主要なテクニカルがあれば，需給の煮詰まり具合は何となく感じることができます。同じような過去のパターンとの比較ができます。この２つが何となくわかるだけでも十分だと思います。

したがって，テクニカルやアルゴリズムはできるだけシンプルなものに限ります。あくまでも補助的な手段の１つにすぎないからです。唯一無二の正解があるはずだと思い込むから，果てしない沼にはまってしまうのです。

「第三者の目線」で自分を鍛えることで，少しずつ需給を読む精度は上がってきます。出遅れて行動する人たちは，必ずいます。そうした人たちが，どこにいるのかを考えることです。

最も典型的な間違いは，テクニカルを多用しすぎて身動きがとれなくなってしまうパターンです。だましを避けるために複数のテクニカルを使っても，正確な需給は読めるわけではありません。変な大口が現れたら，需給なんてものは一変します。正解を求めようとする考え方から一日も早く脱却しなければなりません。

機関投資家にも出遅れる人は結構います。こうした出遅れる人の集団に入らないように「第三者の目線」で行動し，平均的な人より少しだけ早く行動できるようになれば，必ず勝率は上がります。

この「第三者の目線」という考え方は簡単そうに見えますが，実行はかなり難しいものです。油断するといつの間にか自分の目線に戻ってしまいます。負けが込んだり，熱くなったりしたときほど自分の目線に戻りやすくなります。どんなに難しい局面でも，どんなに追い込まれても「第三者の目線」を引き出せるようにしておくことが，先物で勝利するための数少ない必勝法の１つです。

投機筋と実需

日経平均先物のプレーヤーは，短期投機筋，長期投機筋と実需（長期投資家）に分けられます。その中で，その日のうちに反対売買する短期投機筋の売買高は9割以上を占めます。彼らの活動のおかげで，長期投資家がいつでも大きな売買を行える流動性が提供されているのです。

板の隙間は短期投機筋によって埋め尽くされています。長期投機筋はその中にパラパラと紛れており，長期投資家は普段はあまり現れませんが，突如，大きな勢力として現れます。短期投機筋が日中の細かい値動きを作り，長期投機筋が数日間の日経平均の水準を決め，長期投資家が最終的な水準を決めます。

この3陣営のうち，短期投機筋は，売買量は多いもののその日のうちに反対売買するので，ボラティリティーを増幅させ，場合によっては火付け役になるだけの存在です。

HFTによる鞘取りも短期投機筋に分類されますが，板上にまんべんなくいるのではなく，現値の近辺に集中的に出没します。HFTは商品間の鞘を狙って，短期投機筋や長期投資筋に流動性を提供しているだけの究極の短期筋だともいえます。その代わりマーケット全体に対しては，ニュートラルな存在でしかありません。

短期投機筋に比べ長期投機筋の影響力は，日をまたいで現れます。レバレッジを効かせているのでサイズは短期投機筋に比べ大きく，彼らが参入を続けると日経平均の水準はなかなか妥当な位置には収束せず日経平均の水準が大きく変わります。

その日のうちに反対売買をする短期投機筋の一部も，うまくトレンドに乗り利が乗るとポジションを持ち越し，長期投機筋に加わることもあります。

短期投機筋と長期投機筋の打線がうまく連なると，長期投資家の存在をさておいて，日経平均は一方向に行き過ぎてしまいます。日経平均の場合は特にこの行き過ぎが起こりやすく，それが世界中の投機家を引き付ける魅力となっています。

長期投機筋の行動は予測が難しいです。いろいろなタイプがいるうえ，そもそも手口や取引の意図や目的を推測されたくないので，予測しにくいのも当然です。いろいろな解説が出回りますが，実態からは程遠い作り話が多いでしょう。

そこで，長期投機筋はひとまず置いておき，比較的予測しやすい長期投資家の行動特性についてまずしっかりと理解しておく必要があります。長期投機筋については，値動きやティックの出方や関連商品の相対的な動きから想像を働かせるしかありません。

最も狙いたいところは，投機と実需の３陣営が同じ方向に動いたときや，投機の動きが実需を呼び起こした時に起こる本物のトレンドを伴う大きな水準訂正の動きです。長期投資家が少しずつ順番に出動してくれれば，トレンドは一段と持続します。

その次の狙い目は，行き過ぎた投機の行動に長期投資家が追随せず，相場が巻き戻されるときです。投機筋には本物のトレンドは作れないのです。投機の力が強すぎる市場では常に行き過ぎが起こり，その反動も大きくなります。

短期投機筋や長期投機筋が作るトレンドは騙し合いの世界ですから，この中では勝ったり負けたりしながらも，出し抜かれないようにできれば御の字とし，行き過ぎの修正を待つのは賢明な方法です。

そのうえで，３陣営がそろうトレンドに３回に１回ぐらいうまく乗ることができれば，長期的には勝ち越せます。投機筋同士の騙し合いに対しても，ある程度手を出して参加しておかなければ，肝心のところで勘やひらめきも働かず，本物のトレンドだけに乗るという都合のいいことはなかなかできないものです。

弱い投資家

弱い投資家が今どこにいるのかを想像することが，需給を読む最も手っ取り早い方法です。強い投資家は特定少数ということもあり簡単そうにも思えますが，むしろ彼らの行動を予測するほうが困難です。何度もいいますが，大阪取引所に現れる手口を見ただけで推測することは不可能です。

弱い投資家は不特定多数で，お互い打ち合わせをしているわけでもないのに**結果として同じようなところで同じような行動をし**，いろいろなところにその形跡を残します。丁寧に状況を分析すれば，ある程度推測可能です。

弱い投資家と表現するのは恐縮ですが，誰でも一歩間違えればその立場になりえます。短期トレードのつもりでポジションを持ったはずが，うまく損切りできずに大きな含み損を抱え，証拠金が足りなくなった経験は誰にもあるはずです。

そうした経験をもとに，今どこにどれぐらいの投資家が損を抱えて困っているかを想像するだけでも効果はあるはずです。先物のティックの付き方，チャートの形状，価格帯別累積売買高などを見て，ここははまりそうだな，つかまりそうだなという想像力を働かせればよいと思います。

足跡として現れる最も典型的な例は，オプション市場で「あほボラ」と呼ばれる現象です。日経平均VIでいえば30ポイント以上となるボラティリティーが出現するような状況は，証拠金不足によって強制決済を避けるために投資家がプットの買い戻しに殺到するときに出現します。

下方のプットが玉突き現象で次々と買われ，常識的に考えても日経平均が到達しそうもない行使価格のプットがとんでもない価格まで買われます。スマイルカーブと呼ばれるオプション市場を観察する指標を見ていれば，そうした異変の発生に気づくことができます。

オプションは行使価格という日経平均の水準を対象にして取引するので，いろいろな日経平均の水準に対する需給がオプション価格に反映されます。銘柄の相対的な動きを比較観察していれば，弱い投資家が動き始める様子がある程度読み取れます。

オプションほどはっきりとは読み取れませんが，レバETFと日経平均先物，ラージ先物とミニ先物，日経平均現物バスケットと日経平均先物，期近と期先の先物など，相対的にあるべき水準が決まっている日経平均関連商品間の価格差を観察することも，弱い投資家の動きを推察するヒントとなります。

大事なことは，自分の願望や希望は一切排除したクリーンな気持ちで，追い込まれた投資家の状況を考えることです。繰り返しになりますが，「第三者の目線」を忘れないことです。もちろん自分が弱い投資家にならないことが，最も大事なことはいうまでもありません。

遅い投資家

あまり動くことは少なく，動く場合も総じて動きは遅く，その割にサイズが大きいのが日本の機関投資家です。特に日本の運用会社は外資系の運用会社やヘッジファンドとはカルチャーが違い，もともと勝たなくても負けなければいいという横並び意識が強いところです。運用成績を上げるため改革を進めていますが，実態はそれほど変わっていないと思います。

説明責任を気にする彼らの行動は遅れるべくして遅れがちで，彼らの遅れた行動の影響は市場へ順次波及してきます。明らかに下げ局面に変わった後であわててプットを大量に買ったり，先物を売ったりします。このような行動のズレは，トレンドを引き起こす大きな要因になると考えられます。

1980年代に財テクと称して株式投資にのめり込んだ国内の事業法人も，バブル崩壊後はまったく同じような状況でした。上げ相場で調子がいいときは財務部門だけの判断で突き進みました。財務部門にスターが誕生しもてはやされましたが，いったん下げ相場に入り含み損が耐えきれないところまで膨らんでくると財務部門の独断で動けなくなってしまいました。先物を売ったりオプションを使ったり，いろいろ手を尽くすことになるのですが，ことごとく目先の大底を叩くことになりました。

大口に対する反応

大口の注文に対し市場がどう反応するかは，貴重な状況証拠となります。しかし，**大きな注文も細かく分割して瞬時に発注することが可能**なので，ティッカーを見ていても大口が動いたかどうか判別するのは簡単ではありません。見え方をあまり気にしない長期投資家の場合は，割とあっさり1本で大きな注文を出すこともあるので，この場合は判別することは容易です。

いずれにせよ，集中して板とティッカーを見ていなければなりません。大きな売買があったというだけでは，まだ大口が支配権を握っているかどうかは確かではありません。大口の実需に対し小口の短期投機筋がたまたまぶつかり合って，しばらく均衡が崩れない場合もあるからです。

それでも，自分の想定したシナリオに沿った方向に大口の約定が確認できれば，板とにらめっこしながら出動タイミング待ちです。ただし，アルゴリズムを使ってわからないように分散発注できるところを，わざわざ大口の約定を見せるのは逆の意図があるかもしれないので，まだこの段階では半信半疑といったところですが，可能性のあるものには乗ってみるというのが鉄則です。

もし，大口の実需がじわじわ入っているのであれば，それはたとえ目視できなくても，やがて日経平均関連商品のどこかに歪みが出てきます。その歪みは長期投資家の存在を裏付ける有力な証拠となります。頭の中でシナリオを更新しながら，警戒レベルを上げて関連商品の値動きに改めて注目しましょう。

改めて繰り返しますが，結局は幅広い状況証拠の収集と，後は想像力です。

第６節　トレンドに乗る

需給を読んで，短期的な方向に狙いをつけたら，後はタイミングを見てポジションを取り，損切りと利益確定によるポジション縮小をうまく使い分けながらリスクをコントロールし，できるだけ利益を伸ばしていきます。

(1)　順張りを基本に

短期勝負であれば順張り・逆張りのどちらでも構いませんが，**順張りであればうまくいけばそのまま長期保有につなげやすい**メリットがあります。トレンド転換を狙ってあえて逆張りで入ってそのまま長期保有を狙う方法もありますが，トレンド転換が起こりやすいところでの逆張りは，損切りの置き方が難しくなおかつ連敗が続くことも多いので，中上級者向けのテクニックだと考えてください。

まずは順張りを基本に考えたほうがリスク管理の観点からも扱いやすく，経験が少ない投資家でもルールさえきっちり守れば，いきなり破綻するようなこともありません。

チャートとテクニカル

短期で順張りを狙える局面は１日に何回も訪れます。板やティックは絶対見る必要がありますが，チャートに関してはあまり細かいものを見る必要はありません。５分のローソク足チャートだけで十分だと思います。５分足チャートに20本移動平均あたりを表示するのが使いやすいと思いますが，別にこれにこだわる必要はありません。

とにかくシンプルで使いやすいテクニカル指標を何か１つ使ってください。たくさんテクニカル指標を使っても大して精度は上がらないどころか，柔軟な思考の妨げになります。特に，**足したり引いたり加重したりと複雑**

な計算をするような指標はまったく必要ありません。例えば，ボリンジャーバンド，MACD，一目均衡表，オシレーター，RSIなどです。**いろいろ使い分けて人に相場の解説でもするつもりなら**別ですが，トレードにはほとんど役に立たないでしょう。自分のとったポジションを人に説明するために，何とか正当化しようとする気に陥るだけだと思います。

現在地の確認やこれまでの動きの確認をするために30分足チャートや4時間足チャートを加えるのもいいでしょうが，必ず必要なわけではありません。

チャートにラインを何本も引くのもやめてください。もし引くのであれば重要な天底に水平線を引くくらいにしてください。ラインは2点を決めればどこにでも引け，必ずそれらしきラインを引くことができます。チャートを遠目で見れば，ラインをわざわざ引かなくてもトレンドのようなものは十分見えます。それで十分だと思います。

トレンドと裁量

陳腐な結論になりますが，エントリーのタイミングは大きなトレンド方向へのブレイクおよび再ブレイクか，トレンド方向への押し目狙いを勧めます。やはり，この考え方が保守本道です。5分足チャートを遠目で見ていれば，テクニカルを使わなくてもタイミングは十分わかります。

個人投資家がモニターするような基本的なチャートパターンは，ロボットによってほぼ監視されていると思ってもよいでしょう。ロボットが出動を判定する局面では，ロボットの先を行くことは絶対にできません。したがって，ロボットとタイミングを競うのではなく，反応が多少遅れてもいいので長く続きそうなトレンドを「総合的に判断」するしかありません。それが，人間トレーダーにできる「少しだけ特別な何か」です。

ロボットはさざ波のような非常に短いトレンドでも果敢に取りにいきますが，人間トレーダーは，そのようなものはやり過ごせばいいのです。さざ波にうまく乗ったつもりでも，ロボットはすでに反対売買し終わっているなんてことにもなりかねません。

人間トレーダーやロボットが短期的に売買を繰り返し，一時的に水準訂正が起こっても，それだけではその水準を維持することはできません。最終的には長期投資家が買い切り売り切りを行うことで相場水準は訂正され，遅れた長期投資家が順番に市場に参入してくることでトレンドは継続します。結局，鍵となる長期投資家が裏にいるかどうかを嗅ぎ分ける総合的な勘が必要なのです。

勘ですから，外れて当然です。たとえ外れても資金が続くように管理するしかありません。経験による判断とシンプルなテクニカルによるタイミングを組み合わせる陳腐な方法を使って，勝ったり負けたりを繰り返しながら勝ち残ることが短期決戦の王道です。運がよければ大勝が続くこともありますが，外ればかりが続くこともあります。**気持ちを切らさず資金も切らさないこと**，それがすべてです。

利益がたまり自信がついてくると，だんだん現在進行中の値動きや板をより重視するようになり，チャートは過去の値動きから大雑把にポイントを把握するために使うようになってくるはずです。そのうちテクニカルに頼ることも少なくなり，勘に頼る場面も多くなると思います。

裁量を使わない強敵

日経平均先物のメジャープレーヤーの１つであるCTAは，裁量を使わずに徹底的にトレンドを追求します。CTAはその名が示すとおり，商品先物市場で生まれ育った運用会社です。商品先物市場で成功したトレンドフォローを金融先物市場に持ち込んだ先駆者といえます。低迷が続く国内商品市場からはまったく想像もつきませんが，今あるテクニカル手法の多くは，元をたどれば商品先物市場で生まれています。また，商品先物市場はこれまでに多くの有名トレーダーを生んでいます。

CTAにとって日経平均先物は，原油や穀物や食肉とまったく同じ単なる１つの運用対象でしかありません。トレンドを徹底的に追求するために，裁量を排し，異なる特徴を持つ市場に分散投資することで負けた市場の損失を吸収するのが基本的な戦略です。

そういう運用手法であるからこそ，日本のことや金融市場についての経験がまったくないトレーダーがシステムやポジションを管理していても何ら不都合はありません。トレンドの発生を判定するルールと厳密な撤退ルールさえあればよいのです。

発注にアルゴリズムを使うこともありますが，高頻度で売買するHFTと比べると驚くほどシンプルで，個人投資家のシステム売買とそんなに違うものではありません。**トレンドフォローはルールを複雑にすれば儲かるものではないという**ことを，彼らが最もよく理解しているのです。簡単なルールを異なる商品に適用する。これが秘密といってもいいでしょう。

特に投機のパワーがトレンドを加速しやすい日経平均先物は，市場を分散させる対象として最適です。取引市場を分散させ，資金管理を厳格に行っていれば，たとえ日経平均先物で連敗が続こうがそれは想定の範囲内です。たとえ１勝９敗でも１回で大きく勝てばいいのです。負けが続く間はトレンドが発生しているほかの商品で稼いでいます。日経平均にチャンスがなければ，どんなに長い期間であろうと手を出すこともありません。このぐらいの規律が守れるからこそ，裁量を使わない方法で儲けを出すことができるのです。

日本の投資家はCTAについてのイメージをまったく持っていないので，市場解説者の思いつきのコメントに騙されてしまい，市場を動かす悪役だと思い込みがちです。しかし，彼らのやっていることはコンピュータを使ってトレンドを探索する純粋なトレンドフォローにすぎません。

チャンスがあれば日経平均に参入してくるだけで，HFTのように高速で鞘抜きをやっているわけでも，敵の裏をかくような執行アルゴリズムを使っているわけでもありません。ましてや，市場を崩すような投機的な仕掛けを行っているわけでもありません。正々堂々とトレンドに乗っているのです。知らない市場でも確率統計的にシグナルに従って大量にやる，ただそれだけにすぎません。

(2) プライスアクションとひらめき

上値が重い，下値が堅いとか，ここを突破したら踏み上げが起こるとか，経験のあるトレーダーの頭の中のひらめきや直観を類型化したものがプライスアクション理論です。理論といいながらあいまいなところがたくさんあり，かなり裁量が要求されます。しかし，何の手がかりもない中でいきなり裁量を働かせるのに比べると，プライスアクションを使って局面を整理することは効果があると思います。

この理論においては，値動きの煮詰まったパターンに注目し，そこで出た動きに乗るのが基本原則です。例えば，需給が崩れたところには一定の行動パターンが現れやすいとされています。このようなところで的確に動けるよう背中を押してくれるのがプライスアクション理論です。さらに，トレンドが強化されてくると，次は一時的な逆行からの反転や再度の新値抜けを狙います。このような決められたパターンに注目し，実行するかどうかの判断を総合的にトレーダーが行うことになります。プライスアクションとは，特徴的なテクニカルパターンと想像力の組み合わせを使って戦うということにほかなりません。

上級者は，**プライスアクションという呼び方にこだわらず**，同じようなことを瞬時に考え，最後は「勘」に頼って参入しています。もちろん，いい加減な「勘」とは異なる，過去の経験に裏打ちされたものです。

ロボットがプライスアクションを使う場合は，価格の動きをさらに細かく類型化し，その結果を自己学習することでプログラムを成長させたり，ネット上の言語を解析したりして，人間の勘や想像力に当たる部分を補います。こうしたことからも，経験を積んだトレーダーのひらめきはプライスアクションそのものであり，ロボットと十分戦えるものを備えているといってもいいでしょう。

(3) ひらめきを働かせるためのチェックリスト

勘や裁量のもととなるひらめきを働かせるポイントを挙げてみましょう。

- 値動きが煮詰まっていると感じるかどうか。
- 投機筋がどこを狙っていそうか（トリガー）。
- トリガーが起こると，次の値動きは大きそうか小さそうか。
- 大口注文に対して市場はどう反応したのか。
- 実需（長期投資家）は今の水準をどう解釈しているか。
- 実需（長期投資家）は今の水準が変わると何かアクションを起こしそうか。
- 実需（長期投資家）の考えそうな理屈。
- 実需（長期投資家）がすぐにアクションを起こさない理由。
- 世の中のコンセンサスと平均的な市場参加者は何を考えているか。

これらの質問は，需給を作り出す投資家の考えを想像し，これから起こるシナリオをいくつか考えるために使います。特に，世の中のコンセンサスはまずは疑ってかかるべきものです。コンセンサスに沿った取引は勝ちやすいかもしれませんが，多くの人が同じポジションを取るためレバレッジを大きくしないとたいして勝てませんし，逆に外れた時の反動は大きくなります。

それとは反対に，コンセンサスと違うシナリオがひらめいたら，小さく張っても大きく勝てる可能性が高くなります。狙うならこちらのほうの効果が大きく，コンセンサスの把握はそういった方法でも活用したいものです。

ひらめきは，過去にマーケットで生じた何らかのパターンを根拠にマーケットの裏にいる投資家の気持ちを読み取り，次の展開を予想することから生まれます。その際に重要なことは，過去の動きを詳細に解明することではなく，**動きから何かを感じるということ**です。

これらのチェックリストを満たそうとする行動や思考を日常生活でそのまま行うと，周りからは変人扱いされるかもしれません。一応覚悟はしてください。成功している短期トレーダーが総じて偏屈なのは，このあたりに理由があるのだと思います。

ここで挙げたポイントは，それほど難しく考える必要はありません。ああ来たらこうなる，そしてその後こうなると複雑に考えすぎても，なかなかそのとおりのことは起こりません。漠然とでもいいですからキーになるものだけを押さえ，目の前の板やチャートの局面が変わるたびに，こうした質問を絶えず自分に投げかければいいと思います。

値動きが煮詰まっていると感じるかどうかは，まさに経験次第です。ただ，いつもそういう目でチャートや板を見る習慣をつけることで自分独自の感覚が身についてくるはずです。投機筋が狙うポイントについては一般的に使われているチャートポイントで十分です。一般的なポイントであればあるほど，相乗りする投資家は多くなります。

わざわざ裏をかいて特殊なポイントを狙う投機筋はいません。明らかなチャートポイントをトリガーにして投機筋が参入した場合，その後の動きは大きくなりそうかどうかの予測をあらかじめ持っておくことのほうがよっぽど重要です。相場というものは，買いにくいポイントほど大きく上がり，売りにくいポイントほど大きく下がります。このあたりも経験値を上げることでだんだん想像できるようになります。

実需（長期投資家）は，常に後から理屈で説明できるように動くので，普段から機関投資家が持つ理屈についてよく勉強をしておく必要があります。時期的な要因や何らかの制約で本来動くべき実需（長期投資家）が動けないときなどは，大きなチャンスです。彼らが出遅れて動くことでトレンドは長続きするからです。

一般的な投資家のコンセンサスは，テレビなどの解説から取り入れればいいでしょう。天邪鬼のようですが，聞いた解説にそのまま納得したり，賛同したり，鵜呑みにしたりするのではなく，普通の投資家がどういう解説を聞いて何を考えているのかを理解するようにしましょう。

(4) テクニカル指標の限界

相場が読みにくくなったり，相場観が外れたりが続くと，はっきりした物言いや背中を押してくれるものが欲しくなります。そのようなとき，一定のルールに基づいて買いか売りかの判断ができるテクニカル指標を使うと迷う必要がありません。

いったん，テクニカル指標を信じると決めてしまえば，トレードに潜む敵を撃退するには効果があります。チャートやテクニカル指標を使うことで「当てなければならない」という心理的な負担から解放されるというメリットは侮れません。

しばらくテクニカル指標を使って，トレードのリズムを取り戻し，心の平穏さを回復するという，リハビリ的な使い方は効果があると思います。もし，そのまま機械的に使って永久に儲かる方法が本当に存在するのであれば，それは一石三鳥のとても夢のような話なのですが。

筆者は，特定のチャートパターンや特定の法則に杓子定規に頼ることについては大変懐疑的です。しかし，特定の期間や特定の局面だけ特定のテクニカル指標に頼るようにするなら賛成です。もちろん，特定の期間リハビリに励むことを含みます。しかし，テクニカル指標を積極的に使用するのであれば，特定の局面をどう選定するかという課題は避けては通れません。そのようなテクニカル指標の微妙さを，いい得て妙なフレーズがあります。

テクニカルを信じる人はすくわれる
ただし
足を

どんなテクニカル指標を使ったトレードでもやり続ければ，何本かは本当のトレンドに当たることは間違いありません。しかし，売買コストや執行時のスリッページ※を考えると，テクニカル指標を使っても実践的には儲からないとする研究が多くなされていますし，筆者も実際そうだと思います。クオンツが操るロボットも，数字の演算によってテクニカル指標と同じようなロジックを当てはめてトレンドを判定していますが，特定のロジックだけを使っているのではなく，局面に合わせて数字を変えたり数式自体を変えたりするのです。

※スリッページ：発注しようとしていた時に想定していた値段で約定できないこと。

筆者は，チャートというものは，線をたくさん引くのではなく，むしろ**ほどよく遠くから眺めるぐらい**がちょうどいい塩梅だと思っています。チャートを見ながら，ほかの人が何を考えるのだろうということを考えるには，少し遠くから見るぐらいがちょうどいいのです。

何かひらめくときもありますし，ひらめかないときもあります。同じような過去の展開を思い出すこともあります。そのような記憶は，需給が煮詰まる節目で重要な判断材料になるのです。

クオンツやアルゴも環境に合わせて戦法を変えているのですから，人間がわざわざ特定のテクニカル指標にすべてを頼るのは，やはり何かおかしいと考えるべきだと思います。テクニカル指標の基本構造と原理をしっかりと理解したうえで臨機応変に対応していくことで，ようやく人間ならではのプラスアルファを生み出すことができるのだと思います。

システムの限界

チャートやテクニカル指標には，人間が目視して行動を起こすというワンクッションが入るため，実行を躊躇したり思いとどまったりすることがあります。その点，システム※やアルゴはテクニカル指標を数値化して自動執行します。完全に人間の裁量を取り除くことがシステムを使う最大のメリットでもあり，弱点でもあります。

※本書では，個人でも利用開発できる程度の簡単なロジックのアルゴをシステムと呼び，区別することにします。

また，システムを使うことで，必然的に確率統計的な方法を使ってリスクやポジションサイズを決めることになり，特に相場にまだ自信がないような初級者でも，比較的安全に相場に向かうことができます。

裁量で相場を始めるとしても，最初は厳格なルールに従わなければいけないので，最初はシステムから入るというのは賢明な方法だともいえます。ルールの大切さや，勝ったり負けたりを繰り返しながらトータルで勝ち越すことはどういうことかを体感できるのは，システムを使う大きなメリットです。

しかし，システムにも大きな問題が３つあります。まず，１つ目が，ただのランダムにすぎない稚拙なシステムでも，**ある特定の相場のもとでは優れたパフォーマンスを出してしまう**ということです。回収率が長期的には90％にすぎないシステムでも，完全に負けに収束するまでには何年もかかります。

トレンドに対して最も早くシグナルを出すシステムは，レンジやトレンドのない相場ではひたすら損を繰り返します。それでも，その損を補ってたまに特大ホームランが出れば，運がよければ数年間利益が上がることはあります。しかし，さらに長期間，例えば10年以上にわたってトータルで利益が出るかどうかは，数年やったぐらいではまったくわかりません。たまたま，資金が枯渇する前に大ホームランが出れば，稚拙なシステムでもそれを見抜くことができず，行き詰まるまで使い続けて結局ダメでしたということはよく起こります。

本当に優秀なシステムかどうかを統計的に判定する方法はありますが，システムの巧拙をシステムによって検証するという考え方は屋上屋を重ねるようで，ちょっと違和感があります。もちろん，その判定をクリアしたからといっても，絶対的なものではありません。

２つ目の問題は，フィルターの問題です。システムは自分が不得手な相場を判別できません。ひたすら同じパターンで同じ行動を繰り返します。これを避けるために，フィルターを使ってシステムが効かない相場を排除する方法が使われます。相場の特性をある程度選別できる魔法でもあればうまくいくはずですが，そう簡単にはなかなかいきません。

よく陥る落とし穴が，システム本体よりもフィルターのほうが強力になりすぎて本物のトレンドを見逃すか，かなり遅れて参入してしまうことです。結局，フィルター追加による効果が，本体のよさを殺してしまうのです。

フィルターをちょうどよい加減に最適化しようとしていじり続けるということは，それ自体が裁量にほかなりません。アルゴレベルになると，こうした自己学習もプログラムの中に組み込まれていますが，個人投資家の行うシステムではなかなかそこまではできません。

３つ目の問題が，オーバーフィッティングです。悪質なシグナル販売業者が意識的に使う手ですが，個人でもシステムを改善する中で無意識に行ってしまうことがあります。

過去のバックテストから，**大きなドローダウンを１つ２つ取り除くように恣意的にルールを変更すれば**，一瞬にして稚拙なルールが素晴らしいシステムへと変身するのです。経験が少ないトレーダーは，無意識のうちにこの落とし穴にはまってしまいます。意図しようがしなかろうが，間違った方法であることには違いはありません。システムのチューニングは大切ですが，オーバーフィッティングは何の意味もありません。

システムやルールは単純であればあるほど，汎用性と再現性が高いので，できるだけ単純なものにこだわることがシステムの生命線だと思います。複雑なルールを取り入れて，特定の環境でしかうまくいかないシステムにするぐらいなら，裁量を取り入れたほうがよっぽどましです。

もし，どうしても裁量を入れたくないなら，CTAのように取引市場を全世界全商品に広げるべきだと思います。実際，CTAは驚くほど単純なルールを使っています。厚化粧したシステムで儲けることができるのは，シグナル配信業者だけなのです。

日経平均のような癖のある指数に対して，エッジにつながる癖を理解しようとせずにただ機械的に対応しようと考えるのは，大変もったいないことだと思いますし，投機家として楽をしすぎているのではないでしょうか。

第７節　効率的市場仮説とゾーン

市場というものは，かなり効率的なことは確かです。一時期儲かる方法を思いついたとしてもそれを使い続ければ，限りなく損益はコスト分だけマイナスになるように収束していきます。しかし，いつも効率的なわけではなく，**効率的な動きの中に効率的ではない局面が紛れ込んでいる**ことも事実です。トレンドが長い期間続くことがあることは，ベテラントレーダーなら誰しも認識しています。

教科書的には，効率的市場仮説は支持されています。これを認めないことには，証券アナリスト試験には受からないでしょう。しかし，現実のトレーディングの世界では，それに反する動きがたくさん出現します。

ファンダメンタルズを重視する投資家は効率的仮説に近い立場で構いませんが，短期トレーダーは効率的仮説をいったん捨て去ったほうがよいと思います。でも，**頭の隅には残しておいてください**。

短期トレードに否定的なファンダメンタル派でさえ，自分だけは市場の知らない情報を発掘できると信じて投資しているわけですから，市場には非効率な部分はたくさんあると考えてもよいでしょう。市場というものは，魔訶不思議な世界なのです。

(1)　運のいい愚か者

効率的市場仮説によると，日経平均が上がるか下がるかは五分五分です。適当にポジションをとっても２回に１回はうまくいきます。市場というものはかなり効率的で，短期トレードはゼロサムなので，勝ち負けの大部分は運によるところが大きいものです。運の要素はありがたく頂戴するとしても，勝って奢らず負けて腐らずの気持ちは忘れてはいけません。

先物は，安く買って高く売るか，高く売って安く買って高く売れば「必ず」儲かります。そう考えると簡単です。しかし，それは必ずしも，下がれば買って上がれば売ればいいというわけではありません。逆に，上がれば買ってさらに上がったところを売ってもいいわけです。下がれば売ってさらに下がったところを買い戻してもいいわけです。むしろ，この考え方のほうが実践においては有効です。

経験が浅い投資家は，安く買って高く売るか，高く売って安く買って高く売ることばかりを考えます。その考え方では，いったん買いで入った後相場が逆行してしまえば手仕舞うことができません。下がったところで買い増ししてコストを下げようとします。いわゆるナンピンで，初心者の大半が通る道です。ナンピンと**計画的に分散して押し目を拾う方法**は，まったく別の手法です。外形的にはナンピンも計画的分散も区別はつきませんが，前者は素人，後者は熟練された中上級者の手法です。

初心者はナンピンを苦し紛れに行いますが，不思議なことに結構うまくいきます。なんだかんだいいながら損切りせずにコストを下げているわけですから，そこがトレンドの押し目であればだいたい成功します。痛みをあまり感じることなく，簡単に儲かってしまうのです。そうした成功体験が５，６回も続けば資金はけっこう増えていきます。

しかしながら，この成功体験は実に厄介です。この成功体験が，いずれとんでもない悲劇につながります。最初に運よく儲かった方法をわざわざ変える人はほとんどいないでしょう。いたとすれば変人ですが，そのような変わり者は，最初からいかにも素人っぽいナンピンはしないでしょう。

日経平均の短期トレードにおいては，「毎朝５分チャートをチェックするだけで100万円を半年で１億円にした」的なヒーローが定期的に現れます。幸運なヒーローが書いた手法もよく出回ります。世の中には楽をしてお金持ちになる近道を知りたいと考える人は大勢いるので，こうした手法に対するニーズはたくさんあります。実際にそうした手法の書かれた書籍はよく売れるようです。

ただ困ったことに，運に任せた五分五分にすぎないやり方と本物を見分けることが大変難しいのです。うまくいっている理由も後付けでもっともらしく説明できるものです。それが特定の相場にマッチしてうまくいき，積極的にレバレッジをかけて大金をゲットしたというケースは，必ずどこかで誰かに起こるのです。

たまたま運がよく，しかも怖いもの知らずで大胆にいっただけなのか，勝つべき特別なスキルがあるのか，またそれはこれからも通用する方法かは，１回の大成功や数年程度の実績ではまったくわかりません。

何万人に１人のヒーローを目指して夢を追うことを否定しませんが，ヒーローが使ってうまくいったという方法をそのまま使うことはやめておいたほうがいいでしょう。運よく勝ち続ける確率自体極めて低いうえ，万が一途中までうまくいったとしても，何度か訪れる逆風から大きく膨らんだポジションをうまく守りきることができる保証はまったくありません。単なる運を実力だと勘違いしたヒーローの多くは，いずれすべてを吐き出し，「運の悪い愚か者」へと転落していきます。

軽率な決断でもいい結果が出るし，優れた決断でも悪い結果が出るのが，短期トレードというものです。軽率な決断でも儲かることもあれば，優れた決断をしても必ずしも儲かるわけではないことをしっかりと理解しなければなりません。

正しい考え方をして短期トレードでうまくいった場合でも，それが実力だとか永遠の法則だとは決して考えず，たまたま運がよかったかもしれないと懐疑的に捉え，常に手法を改良し続けるストイックさこそが肝要なのです。あるいは，さっさと勝ち逃げして「運のいい賢者」になるしかないのです。

筆者は，このようにたまたま間違った手法で儲かった「運がいいだけの愚か者」が「単なる愚か者」へと変身したケースをこれまで何度も見てきました。運が良いことを自覚しない限り，いずれ運が悪い局面にはまり，それまでの蓄積をすべて吐き出すことになるのだと思います。

みなさんは「運がいいだけの愚か者」ではなく，ぜひとも「運が悪いだけの賢者」になってください。正しい考え方や方法に早く出会い，たとえうまくいかなくても正しい考え方を続ける賢者を目指しましょう。

⑵　心理のコントロール

レバレッジをかけた短期トレード行うにあたり，わかっていてもなかなか思うようにいかないのが心理のコントロールです。シミュレーションやつもり売買でうまくいくものが，実践に入ったとたんうまくいかなくなるのは，心理的な障害が原因です。

短期決戦においては，経済や企業の成長を狙う長期投資の常識とは明確に線を引き，自分の立ち位置をしっかり固める必要があります。

明鏡止水

投資心理学のバイブル『ゾーン』（マーク・ダグラス著，パンローリング）は，投資において絶対的に正しいものはないので負けを恐れずに淡々と損切りを繰り返しながら，次に現れる機会を精神的に落ち着いた状態で迎えるかどうかが成功の鍵だとします。ゾーンとは，一流プレーヤーが結果は気にせず無心にボールを打ち返すような卓越した境地だといいます。

人間の本能は，そのままでは投資に向いていないようにできています。心理のコントロールをいったん失ってしまうと，失敗がさらに心理を悪化させ，それがさらなる失敗へとつながっていきます。『ゾーン』が説くように，手法ではなく心理こそが最も大事だとするトレーダーは実に多いのです。筆者も，まったくそのとおりだと思います。優秀なトレーダーの多くは，**損切りするとか，流れにつくというわかりきったこと**以外，自分が成功している理由をうまく説明できません。

瞬時に決断を下す必要がある短期トレードにおいては，敵は自分の心の中にいるということになります。激しい日経平均の動きに影響されない心理状態の習得こそが，どんな手法にも勝る「聖杯」といえます。

信念と変わり身

確実なものはほとんど何もない投資の世界で，しかも，それなりに負けを覚悟しなければならない投機において，途中でひるまずに戦い続けるためには，続けていれば**最終的には勝てるはずだという強い信念**が必要です。それは単なる気合いだけの精神論ではなく，勝つべき根拠に裏打ちされたものでなくてはなりません。いろいろなものに対する好奇心，市場に関する新しい情報の取得，新しい解釈など，不断の勉強は勝つべき根拠を増やすためにとても大切です。相場を人と違う次元で見ることも大切ですが，それが独善的なものであれば勝ちにはつながりません。

信念とは一部対立する概念ですが，**シナリオに対する変わり身の早さ**も同じように大切です。１つの手法や考えにしがみつくのではなく，実勢に合わなくなれば素早く取り替えたり捨てたりするということです。市場の変化はとてもスピーディーです。市場の変化に合わせて，考え方は間違っていないか，他人ならどう考えるか，多面的複合的に考えることです。

信念というものは，思い込みや頑固さにつながりやすい危険な概念でもあります。思い込みや頑固さは，レバレッジのかかった商品にとっては命取りになりかねない大変危険な分子です。信念と変わり身というものは，本来バランスをとることは難しいのですが，投機に臨むにあたってはそういう普通でないものを乗りこなしていかなければなりません。

アクセント

アクセントというのは非常に重要なキーワードです。メリハリ，切り替えと言い換えることもできます。場味を確かめる小口の売買と本格出動は明確に区別するのは当然です。臨戦態勢と，気を緩める局面も明確に区別する必要があります。目的を達成しても，うまくいかなかった場合でも，あっさりとパソコンの電源を落として市場から完全に離れることも大事です。

とにかくトレードにはメリハリをつけ，中途半端にだらだらしない，これを絶対に守ってください。１回トレードが完結するたびに，「ご破算で願いまして，勝っては奢らず，負けては悔いを残さず」を繰り返すのです。

たとえ確実ではなくても確率的に高そうなシナリオをいくつか考え，市場と対話を心がけることでエントリーのタイミングを計ること。しかも，間違えることを前提に資産全体の中での資金配分を適切に保ち，うまくいかないときはリスクを落としたり，リターンの出方を変えてみたりして，レバレッジを抑え気味に運用すること。とにかく生き残らなければなりません。生き残っていればこそ，敗者が残していった富を獲得するチャンスにも出会うことができるのです。

第8節　勝つための手順

最後に，勝つための手順を説明します。改めて確認しておきますが，日経平均先物の取引は全世界の投資家が見守る中で，正々堂々と行われる「公開投機」です。同じ投機でも，個別株の場合は狭い世界での戦いです。日経平均先物は限られたマニアが作り上げる一部の個別株と違って世界に開かれている分，理屈が通用する合理的な部分もあるのです。

日経平均を使った投機は，関連商品はもちろん，全世界の金融商品まで絡めたオープンな世界での戦いです。どんな大口といえども，意図した方向に腕力で動かすことなど絶対にできません。特定の大口が日経平均を動かしていると思う時点で，大きなバイアスがかかっています。一方的な値動きの裏にも，必ず合理的なメカニズムがどこかで働いているのです。合理的な部分についてしっかりと勉強すること，特に関連商品とのつながりについては正しい知識を持っておくことをくれぐれもお忘れなく。

ここにまとめた手順は，筆者が30年近く日経平均と戦ってきた実体験および，これまで先輩・同僚・部下たちのトレードを見てきた中でたどり着いた結論です。あまりにも地味で特別なものでもないかもしれませんが，実際にこの手順を実行するのは大変難しいと思っています。

(1)　大まかな想定

まずはチャートを眺め，市場参加者が意識していそうなポイントをチェックします。相場環境を大まかに整理し，今何が市場を動かしているかについてできるだけ短いキーワードに置き換えて把握します。

将来についての予想が大まかに正しければ，後は冷静な心理状態でタイミングをつかんで乗れば，それだけでエッジにつながると考えています。いったん総合的な判断をキーワードに落とし込んでいれば，もし間違っていたとしてもキーワードを修正し，もう一度考え直せばいいのです。キーワードについては，例えば，「売り方瀬戸際」「材料出尽くし」「消化不良」「煮詰まる」「戻り売り圧力強し」など，とにかく**総合的な判断を凝縮したエッセンス**のようなものだと考えていただけばよいでしょう。

相場観の本質

優秀なトレーダーは，常にこの感覚を張り巡らせており，他人から「なぜ」と聞かれてもうまく説明できません。トレーダーとしての経験に裏付けされた繊細な勘だからです。**人を納得させる理由も必然性もありません**。このあたりの微妙な感覚を第三者に説明しようとすると，逆に変なバイアスを抱えてしまい，市場との軋轢を生む種にもなります。

筆者は，これが相場観の本質的な部分だと思います。言い換えれば，人に語る相場観は，聞く人を想定したバイアスがかかっているか，恥ずかしくないような理屈でお化粧しているか，さらにひどい場合は，相場とまともに向き合っていないのに自己顕示欲だけで語るなど，とても市場と素直に向き合ったものだとはいえないのです。そんな偽物の相場観で相場に勝てるはずがありません。

(2)　トレードサイクル

大まかな想定ができたら，次は値動きを眺め，参入のタイミングを待ちます。こうした，相場の行方を大まかに捉え出動を待つ状態は，丘の上から戦況の報告を受け，いざ出陣に備える戦国武将の心境のようなのかもしれません。戦況を大局的に捉えながら，自身の出動タイミングが近づくにつれ，より深く緻密に思考を走らせる感じです。

ウォーミングアップ

場味を確かめるために，ウォーミングアップを兼ねて小口の売買を繰り返してもいいでしょう。たとえ小口でも神経は使うので，適宜ポジションはクローズして緊張感を緩めることは大切です。また，小口のポジションを抱えているだけでも本格参入に際し何らかのバイアスが生じます。本格参入に際し，できればポジションはないほうが望ましいでしょう。

場味を確かめる小口の超短期売買ですから，順張り逆張りなんでもありです。これをやることで利益を狙うことはもちろんですが，手数料を考えれば損益トントンでも上出来です。こうしたウォーミングアップをすることで**板や市場と感覚が一体化**してくるので，ただ市場を眺めて待つだけの場合に比べ感覚はより鋭くなります。それが最大のメリットです。

ウォーミングアップの短期トレードは，成り行きによる参入，指値による撤退が基本ですが，撤退の指値はあらかじめ場所取りしておくことも有効です。このようなやり方は人間HFTだといえるかもしれません。ポジションがなくなれば，一息ついて少し離れて相場を観察し，また同じようにこの手順を繰り返します。

(3) チャンスを待つ

シナリオと狙いを定めたポイントが徐々に接近してきたら臨戦態勢に入ります。板とティックと一体となって相場の煮詰まりを感じ，ほかの参加者の心理を想像しましょう。過去の同じような場面をぐるぐる想起しましょう。

ポイントによっては，買いで入るか売りで入るかの正反対の判断をする場面もあるでしょう。また，ひらめいていた煮詰まり感が醸成されなければ臨戦態勢を解くこともあるでしょう。

ここで大切なことは，**バイアスのない無心の境地**，いわゆる明鏡止水やゾーンといわれる状態を維持できるかどうかです。実はこれが，短期トレードにおいて最も難しい部分でもあるのです。あとは，ティックの付き方，チャートパターン，ポイントとなるプライスアクションなどのきっかけを待つだけです。

(4) 出　動

ここまで来れば躊躇してはいけません。成り行きで思いきって出動します。約定したら，その後は決められたルールに従って利食いをするか撤退を待つだけです。分割発注を行う場合は分割発注が完了するまでは気は抜けませんが，出動が完了した時点では，緊張感を解き放って思い切りリラックスしましょう。

この時点で緊張感が解けないのは，出動タイミングに迷いがあった証拠です。勝ち負けの結果は考えてもどうしようもありません。間違っていたら素直に淡々と負ければいいだけです。勝ち負けが気になるのは，自分が正しいはずだと思うからであり，そもそもそう考えること自体正しい心理の持ち方ではありません。最終的には勝てるはずだという信念は大切ですが，**１回ごとの勝ち負けはまったく関係ない**のです。

第９節　まとめ

本章では同じようなことを繰り返し，角度を変えて説明してきましたが，最後に最も大事だと思える需給と考え方に関してまとめておきます。

需給に関して

- 背景認識や予想シナリオとプライスアクションなどの価格の値動きから，裏にある需給を想像する。
- 可能性の高いシナリオに乗る準備をする。
- もし，大口の存在を裏付ける歪みの発生が確認できれば，シナリオの確度は高まる。

- もちろん，それでも外れることはあるが問題はない。
- 後は，チャート，板，ティックからエントリータイミングを探る。

こうした一連の流れは，まさにマーケットと対話するということにほかなりません。間違っていた場合は，素直に認めるだけです。また，状況証拠がそろったときには，すでに相場の位置が変わっているかもしれませんが，少なくとも大口が継続して出てくること，あるいは大口に向かった短期筋が踏み（損を承知で買い戻す）に入る可能性に賭けるのが基本です。

考え方に関して

- 市場はかなり効率的であり，勝ち負けの大部分は運によるところが大きい。勝ちは冷静に受け止め，「運のいい愚か者」にならないよう，市場構造の変化，市場環境の変化，市場参加者の変化に合わせ，考え方を進化させていく。
- 需給の裏側にある投資家心理を考えながら，板やティックやチャートと対峙していく。可能性のある動きにはしっかり乗る。
- ひらめきを大切にし，複眼的思考で今後を大雑把に考える。
- 投資家，特に行動の遅い機関投資家の行動原理をよく理解すること。一般的な見方からは常に距離を置く。
- 日経平均の激しい値動きに耐えられるように，レバレッジは控えめにとどめ，心理をしっかりとコントロールする。

第6章

教養としての投機

個人投資家もプロと比べても遜色ない環境で取引できる時代になりました。さすがに超高速とまではいきませんが，そこそこのスピードと格安の手数料で株式をはじめとした金融商品を売買できます。運用手数料を格安にしたETFがどんどん投入され，個別株からインデックスまで自分の好みに合った運用を自由に行うことができます。

これまでは大手の機関投資家しかできなかったような運用も，少し工夫をすれば個人投資家でも実践できるようになってきました。プロでしか知りえないような希少な情報もSNSを通じてあっという間に拡散し，むしろ仕分けする能力が試されるようになっています。

このように投資や投機を行う環境が整った中で金融市場と適切に付き合うことは，資産を増やすためだけではなく，生きがいややりがいにもつながるといってもいいでしょう。

資産を形成する方法と一口でいっても，堅実な分散投資，テンバガー発掘型ピンポイント投資，ハイレバレッジ一発勝負，リスク限定型投機など，選択肢はたくさんあります。その中でも日経平均の短期トレードは，金融商品を対象とする投機としては最高峰の１つであるといってもいいでしょう。短期トレードでは資産形成できないという意見もありますが，筆者はやり方次第だと思っています。

日経平均先物には，**合理的な部分と非合理的な部分が混在し**，抜け穴と落とし穴探しをするのも楽しいものです。また，変動率と流動性のバランスがうまくかみ合っており，今のところ投機をするうえでの最高傑作だと思います。

これまでに述べてきたように，投資および投機の対象としての日経平均先物の余命は残り少なくなっていると思いますが，日経平均マニアとして日経平均ととことん付き合って最後まで見届けていきたいと思っています。

第１節　ゼロサムゲーム

先物を現物と切り離して閉じた世界に閉じ込めて取引すれば，完全なゼロサムゲームになります。この特性をより理解するために，大引けの日経平均の値を使って決済する**１日限先物**というものを考えてみましょう。取引参加者は，いっさい現物株の売買はできないというルールにします。すべての取引参加者はこの１日限日経平均先物だけしか取引できません。このルールに従った場合，１日限日経平均先物は日中どういう動きをするのかを考えてみましょう。どういう作戦を立てたらこの取引から利益を出すことができるでしょうか。

⑴　敗者の負け分を勝者で分け合う

このゲームは先物だけの閉じた世界ですから，参加者の損益の合計は必ずゼロとなります。誰かが損した分がほかの誰かの利益となる**正真正銘のゼロサムゲーム**です。

年末ジャンボ宝くじの当選番号を決めるような抽選機から，大引けが迫るにつれ１万の位，千の位，百の位，十の位，一の位，小数点１位の位，そして最後に小数点２位の位が順番に取り出され，午後３時にすべてがそろった段階で，清算値が確定するイメージです。参加者は，大引けが近づくにつれ徐々に固まってくる清算値を横目で見ながら，最後まで売買を続けます。

日中決済しなかった建玉はすべて午後３時に決まる日経平均の終値を使って強制的に清算されるので，まずは日経平均の終値をある程度予想しながら作戦を立てる必要があるでしょう。しかし，それ以上にもっと大事なことは，買った値段より高く売れそうなタイミング，売った値段より安く買い戻せるタイミングを探すことです。予想した終値は途中で何回も修正せざるを得ないため大雑把に考えても構いませんが，相場に入るタイミングは厳選する必要があります。

この１日限先物の取引は１日ですべて清算されますが，清算値に使われる日経平均自体はずっと継続して動いており，清算値に使われた翌日以降も動き続けます。日経平均は１日限りの１日限先物とは違い，これまでの大きな流れの影響を受けている点には注意が必要です。

日経平均の終値を予想する際にそうした流れをどの程度考慮するかは，参加者によってまったく異なると思います。再チャレンジできない１日限りのゼロサムゲームと割り切ってしまえば，これまでの日経平均の動きをまったく気にしないという考え方もあるでしょう。

いずれにしても，このゲームでは自分が勝手に予想を立てるのではなく，ほかの参加者がどこで何を狙っているのかを読むことをひたすら考え続けなければなりません。そのためにはほかの参加者が見ているものと同じものを見て，マイナーなものやノイズを生み出すものはできるだけ避ける必要があります。

すべての取引参加者が参照する必要最低限のデータは，１日限先物の現在価格，１日限先物のこれまでの値動きを示すチャート，１日限先物の板とティック（取引価格と数量の時系列）です。

このゲームにおいては，「参加者全員でゼロサムの中で利益を奪い合っていること」をほとんどの参加者がわかったうえで取引しているということを，よく理解しておくことが必要です。そのうえで目先の動きを通じて，ほかの参加者の考え方を読まなければなりません。

仮にこれまでのトレンドを根拠にしたり，日中にあるイベントの結果を予想したりして，日経平均の終値が最終的には高くなると思っているとします。日経平均の終値が最終的には高くなると思っているときに，買いに分がありと思って入った参加者は，**入口がうまくいけば終値予想を信じてできるだけ利を伸ばそうとする**でしょう。

反対に，日経平均の終値が最終的には高くなると思っているにもかかわらず，超短期的には売りに分がありと思って入った参加者は，**うまくいかなければなるべく早く撤退しようとするでしょう**。もちろん終値が高くなると予想したときは買いしかやらないと決めてしまえば，こうした局面はパスするだけで済みます。しかしながら，それだとチャンスは半分になってしまいます。

一見するとこの取引は，実在する日経平均先物の取引と同じように見えますが，決定的な違いがあります。この違いを考えることが実際の先物取引をするうえでの重要なヒントとなるのです。

裁定が効かない

このゲームの設定上，現物株の取引ができません。したがって，日経平均バスケットを使って1日限先物との間の鞘取りができず，裁定が働きません。裁定が働かないので，日中この1日限先物の値動きと日経平均の値動きはまったく異なったものになり，日中における乖離がどこまで広がるかもわかりません。1日限先物というコップの中でどういう需給の偏りが発生するか次第です。

たとえ極端な動きが起こったとしても，この1日限先物を縛るものは日経平均の終値つまり清算値しかありません。一方で日経平均の終値は1日限先物の影響を受けることなく，日々および日中の動きの延長線上で決まります。日経平均の終値の予想と1日限先物の目先の動きを，頭の中で結びつけながら複眼的に考えることが必要となります。

この先物は，日経平均とは無関係に動くわけですが，それでも取りうる範囲を理論的に考える方法があります。あくまでも理論的な話なので，この範囲を超えることは多々あります。

取引終了までの残り時間と日経平均のボラティリティー（変動率）の2つを使えば，日経平均の終値の範囲を数学的に推定できるのです。日経平均のボラティリティーが高ければ高いほど，残り時間が長ければ長いほど，この先物の取りうる範囲は「理論的に」広くなります。残り時間が短くなれば，ボラティリティーの影響はどんどん小さくなり，目の前で動いている日経平均に収束していきます。

日経平均を挟んで乱高下が続きその波がだんだん小さくなる場合もあるでしょうし，波がほとんどなく日経平均の周りに張り付いて日経平均にたまたま連動し続けることもあるでしょう。日経平均を無視して一方向に動き続けて，ピークアウトしたらじりじり日経平均に鞘寄せしていくこともあるでしょう。

実はこの１日限先物の不規則な値動きこそが，実際の日経平均先物に働く需給の本質なのです。実際の日経平均先物が日経平均に連動して動いているのは，裁定取引のおかげなのです。第５章で説明した，犬をつなぐリードを思い出してもらえばよいかと思います。

終値清算されるポジション

日中に決済されなかった１日限先物のポジションは，日経平均の引け値を使って清算されます。日経平均がいくらで終わるかは，１日限先物とはまったく関係ないので，**清算価格はある意味で運任せ**となります。清算に関しての重要なポイントは，清算されるポジションは必ず同枚数になるということです。

この枚数がズレている場合，日中の取引で事前に修正される必要が出てきます。もともと運任せで自動清算するつもりであったポジションの中から，日中に決済をするポジションが現れなくてはなりません。あるいは，新たに引け値による清算をするつもりで，新規のポジションを持つ投資家が現れる必要があります。

最終清算されるポジションが同枚数になるまで，こうした取引が入り乱れて１日限先物は乱高下をすることになるでしょう。実際の先物取引では，このような歪みが生じれば裁定取引の格好の餌食となり，乱高下はあっさりと抑えられます。

無期限先物

実は，1日限先物というのは，架空の話ではなく実在します。JPX（日本取引所グループ）の東京商品取引所に上場する通称ゴールドスポット100と呼ばれる金の無期限先物取引です。満期のある標準的な金先物取引に基づいて計算した金の理論価格を使って毎日値洗いを行います。1日で満期を迎え，清算と同時に新規建てを行う仕組みになっており，永遠にポジションを自動的にロールオーバーすることができます。無期限取引とは呼ばず，**あえて限日取引**と呼んでいます。

これまで説明してきた日経平均1日限先物にゴールドスポット100と同じ仕組みを採用することで，無期限の先物にすることもできます。しかしながら株価指数を対象とした無期限先物には，いろいろと問題があり商品化はできません。ゴールドスポット100に関しては，市場促進のため多少の無理を承知で商品化したと理解しておいてください。

この金限日先物には満期はなく，その点はCFD（証拠金による差金決済取引）と似ています。金のCFD取引との違いは，**キャリーコスト調整がないこと**と，**板上で競争売買が行われること**だけです。それ以外は金のCFDとほぼ一緒だと考えればよいでしょう。CFDは業者を相手にした相対取引なので，金の理論的な価格から大きく乖離することはありません。金限日先物は市場における競争売買なので，需給次第では値洗いに使われる理論価格と乖離し続けるおそれがあります。また，CFDはキャリーコスト調整を行うので，売り方買い方が対等の関係になり取引価格に安心感がありますが，その見返りに確実に売買スプレッドを抜かれてしまいます。

この金限日先物は1日に1回値洗いすることだけで金現物との関係を縛っていますが，いくら理論価格で値洗いしても，実際の取引価格は翌日すぐに乖離した状態に戻ってしまいます。この乖離を狙って金現物や金標準先物との間で確実な裁定取引はできません。狙うとしても長期間収束しないリスクを覚悟したうえでのスプレッド取引となります。

2015年に始まったゴールドスポット100は，これまでのところ懸念されていた極端な乖離が続くことはないものの，2018年以降取引高は低迷しています。

裁定が効かない先物取引にどのような需給が働き，その結果どのような値動きをするのかを体感するために，この金限日先物を試してみるのもいいかもしれません。

(2)　指数を対象にしたギャンブル

1日限先物の思考実験でもわかるように，先物取引の本質は日経平均という数字を対象としたギャンブルにすぎません。日経平均先物というカジノの中で，日経平均という特殊なサイコロを振りながら参加者同士がゼロサムで撃ち合うゲームをしているということです。**あえて先物を閉じた状態で考えることで，本質的な部分がよく見えてくる**のです。

実際の日経平均先物は，先物だけの閉じた世界で取引されているわけではありませんが，夜間の取引は閉じた世界に近い状態で取引されています。参加者さえいれば閉じた世界でも十分取引は行われるのです。

もし仮に，日経平均の配信システムをハッカーが乗っ取って適当な数字を配信しても，それを横目で見ながら先物の取引は続いていくでしょう。

現物との距離感

日経平均というサイコロは，もちろん単純な出方をするわけではありません。構成銘柄という重りが存在し，それらが絡み合って日経平均に影響を与えています。分解していけば個別の銘柄のいろいろな事情が混じっています。それを束ねた数字を対象にして取引する日経平均先物を分析すると，目の出方に傾向があったり，チャートを描いてみるとトレンドや一定のレンジが見えたりします。それを使ってたまたま特定の期間だけうまくいく必勝法なるものが，次から次へと生まれてきます。

現物取引の延長で先物を考えただけでは，先物の本質的な部分は見えてきません。現物一筋ウン十年のベテラン投資家の先物に関するコメントが，どうもズレているのはそのためです。先物の本質はゼロサムのギャンブルで，そこに集う人たちは現物市場に慣れ親しんだ人たちだけではなく，ゼロサムのギャンブルを好み，たまたま日経平均を対象にしている人がたくさん混じっているのです。

先物だけを切り離すと独自の動きをしますが，先物に現物がリンクすることで先物の値動きは大きく変わります。現物市場の特性が入り込み先物本来の特性が薄まっていきます。その埋没してしまった性質を理解することこそ，先物市場で勝ち残る秘訣なのです。

裏を返せば，先物を単にギャンブルとして捉えただけでも，うまくいきません。現物市場の需給がどう先物に反映されているか，この構造を正しく理解することが求められるのです。

FXの延長で日経平均を対象としたCFDをノリと勢いで始める投機家も大勢います。FXと同じ感覚で少額の資金で始めることができ，おまけにCFDとFXは損益通算できるという親和性もあります。取引対象を分散するというメリットはありますが，今説明したように日経平均をギャンブルの対象として捉えて，適当にチャートに線を引き，平均や標準偏差などの簡単な計算を当てはめただけでは，やはり不十分だといわざるをえません。

(3)　ゼロリスクを求める放射脳とコロナ脳

リスクに見合ったリターンが得られる。これは投機・投資に限らず運用の世界の公理です。リスクなしで確実に利益を上げるためには，無限の資金力，インサイダー情報またはフロントランニング，アスクビッドの鞘のどれかが必要です。

投機・投資の世界では，取れるリスクを選別し，資金力の範囲でリスクをコントロールし，絶対に資金を枯渇させないことが，利益を生むための鉄則になります。

普通の投資家が**ゼロリスクで資産を増やす方法はありません**。安全だと思われる銀行預金でさえもインフレには勝てませんし，1,000万円以上の預金は保護されません。銀行預金を選択する人は，銀行の破綻リスクとインフレのリスクを許容しているか，単に無知なだけだといえます。

ゼロリスク・ゼロリターン

原発全廃を求める放射脳やコロナ撲滅を望むコロナ脳は，経済成長の放棄または低成長というリスクを許容しているか，選挙のためのスローガンにしているだけで，幅広く物事を捉え責任ある方法を模索する努力を放棄していると考えます。ゼロリスクはゼロリターン，これは実社会においてもまったく同じことなのです。

投資・投機の世界では，リスクを選別し，自分に合ったリスクを取るしかありません。**リスクはゼロか１かの二者択一ではなく**，適度に取るべきものです。必勝法が存在すると思い込み，手法を探し求める行動がいかに無意味であるかに早く気づかなければなりません。

取れるリスクは人によって違っていますし，万が一必勝法なるものがあったとしても，途中の変動に精神的にも資金的にも耐えきれるかどうかは人によってまったく異なります。必勝法がもしあったとしたら，それは世界中で自分にしか使いこなせないのです。

(4) リスクとリターン

リスクとリターンは二律背反ですが，それに加えて確率という概念も忘れてはいけません。

通常リスクというものは，これから起こるリターンの散らばり具合を指します。数値化するには標準偏差を使いますが，最大損，最大益という大雑把な考え方でもリスクはだいたい把握できます。商品によっては，最大損と最大益が極端に違うものがあります。代表的なものがオプションの買いです。最大損は最初にオプションに投下した金額に限定されますが，最大益は無限（とはいっても現実的にはある程度限定）です。

このように損益が極端に歪んだパターンになる商品や手法が成立するのは，確率が異なるからです。買いオプションの場合，損失が限定しているのに対し，**損失で終わる確率が極めて高いことでバランス**が保たれています。

将来の損失からの前借り

勝率が極めて高い手法は，すべて利益が限定的で，**もしもの場合の損失が極めて大きいことでバランスが取れています**。このような勝率の高い手法は，将来の巨額の損失を前借りして見せかけの利益をコツコツ出しているといってよいでしょう。

代表的なものがオプションの売り戦略やFXで多用されているトラップ・リピート・イフダンです。どちらも逆張りを自動的に繰り返し，高い確率で細かい利益を積み重ねます。相場が一方通行に動いてしまうと含み損となったポジションが積み上がり，相場が戻ってこなければ最終的には破綻します。

オプションの売りは，オプションが勝手にそのようなリターンを生みますが，トラップ・リピート・イフダンはアルゴリズムトレードとして実行するか，裁量を交えながら手動で行う必要があります。手動の場合は逆張りで細かい鞘を抜き，回転が効かなくなったら損切りせずに放置し，相場が回復するのをひたすら待ちます。手動の場合はいかにもトレードをしている感があり，しかも勝率が高いので，うまくいっている間は天才的なトレーダーのように見えます。本人もそのように勘違いします。実態は，システム的に自動でトラップ・リピート・イフダンをやっているのと何ら変わりはありません。

本人はトラップ・リピート・イフダンをやっている意識がなくても，短期トレードを損切りせずにナンピンを繰り返せば，やがて同じような結果となります。

この手法の最大のポイントは，トラップ・リピート・イフダンを繰り返す位置と期間を，**裁量を使って判断するということ**にあります。タイミングを選別したうえでシステムを使うことで，トレードを省力化できるという大きなメリットはあります。もちろんお勧めしません。将来の巨額の損失を前借りするリスクが大き過ぎるからです。

第2節　投資と投機の境界

リスクが高い商品や手法をすべて投機とみなす考え方には，あまり意味がありません。そもそも，投資と投機は紙一重です。同じ商品に対して同じ運用を行っても，ある人にとっては投資といえるものが，ある人にとっては投機になってしまうことがあるからです。

一般的にリスクが低いものほどリターンは低くなりますが，高いリターンを上げるためにリスクの低い商品にレバレッジをかけることで簡単にリスクを高くすることができます。投資にせよ投機にせよ，あくまでもある一面から見た分類にすぎません。結局のところ，自分に合った方法で資産を保全したり運用したりすればいいだけの話です。

投機が一律に悪だと決めつけるのはまったくナンセンスです。自分には合っていないやり方に対して一線を引くだけで済む話です。

(1) 株価とファンダメンタルズ

個別企業の価値

個別企業の株価は，ある程度決まった方法で計算することができます。大きく2つのやり方があります。1つは，企業が生み出す利益や価値に注目する方法です。その中でも配当は投資家に利益を直接分配する手段なので，特に少数株主にとって企業価値を計算するうえで最も納得性の高いものです。その方法を配当還元法といい，将来にわたって生み出す配当支払いを今現在の価値に換算します。

まず，配当性向（税引後利益を配当に回す比率）と企業収益の成長力を予測することで将来の配当を予測します。とはいうものの，企業の成長力を長期的な数値として見積もることは簡単ではありません。どうしても鉛筆をなめざるを得ない部分が出てきます。投資家や分析するアナリストによっても見通しは当然変わってきます。また，企業の成長力について一定のコンセンサスがあったとしても，それを今現在の価値に換算するためには長期的な金利の見通しも必要です。やり方は単純ですが，実際に数字に落とし込むのは簡単ではありません。

そこで，企業の成長や配当を生み出す力を考えるのではなく，株価収益率（PER）というものを使って株価を算定する方法が編み出されました。株価収益率は本来株価を前提にして，その株価が何年分の利益を織り込んでいるかを表す指標です。

これを逆に使うという荒業を使います。**本来は結果として出てくる指標である株価収益率を，あらかじめ決めてしまうのです。**同じような業務内容を持つ会社を参考にしてだいたいの株価収益率を決め打ちしてしまえば，株価を算定するには1株当たり利益×株価収益率という単純な掛け算を1回するだけで企業のファンダメンタルズに基づいた株価が計算できます。

この方法は簡単な分応用範囲が広く，同じ業種に適用するだけではなく，海外市場の株価指数同士を比較したり，相場環境に応じたPERを定義してみたり，といろいろな使い方ができます。数字を使っているので客観的に見え何となく説得力はありますが，やはり先にPERを決めるというのは，いかがなものかという気はします。

もう１つの方法が，企業の資産価値に注目する方法です。企業が持つ資産を評価して，企業が解散したときの価値を計算します。資産を活用したらというようなバリュエーションを加えることもできますが，基本的には成熟した産業で今後あまり成長が見込めない企業に適用する，保守的な計算方法です。

このように企業のファンダメンタルズ（企業の本質的な価値）を模索する方法はある程度確立されており，考え方の進化はほとんどありません。しかしながら，理論的な株価が計算できたとしても，それが実際に市場で売買される株価と一致することはありません。

これはと見込んだ個別企業に集中投資することこそが投資の王道だとする考え方は確かに一理あります。実際にこの方針で「億り人」になった投資家はいます。ウォーレン・バフェットの名言「いい企業の株を買って，上がるまでずっと持っていれば，いつかは上がる」がまさにこれを表しています。

最終的には会社の持つ潜在的な力が実現し，やがてその会社の本質的な価値に株価は収斂していくとう哲学を持つことで，ほかの投資家が気づいていない価値を見つけることに没頭できます。ほかの投資家および市場に打ち勝つことができると信じることで，市場全体が大きな波乱に巻き込まれても自信をもって対応することができるでしょう。

指数の価値

個別企業のファンダメンタルズを追求することは，投資の保守本流あるいは王道だといえます。それでは日経平均のような指数にもファンダメンタルズというものはあるのでしょうか。指数は構成銘柄の株価を積み上げたものです。構成銘柄の中には成長力の極めて高いものから，成長余力の乏しい企業も混在しています。構成銘柄全体の将来の予想利益を積み上げていくという作業自体はそれほど難しいことではありません。

しかしながら，成長力の乏しい企業が構成銘柄に残り続け，その分構成銘柄全体の成長力を鈍らせ続けるという想定は，現在のルールとズレているといわざるを得ません。というのも日経平均の場合，構成銘柄の採用および除外基準は一応ルールには従って入るものの，そのルール自体が日本経済新聞社の方針次第で今後どのように変わってもおかしくないからです。

市場は，構成銘柄の変更はないという前提で関連商品の取引を行うのが普通です。あまり複雑なことを考えてもそもそも今後どうなるかはわからないという要素はどうにもなりません。

そこで，指数に関しては，個別企業の価値計算に使われた中で最も簡単な手法が使われるようになりました。日経平均構成銘柄それぞれの1株当たりの当期純利益（EPS）を株価換算係数で修正し，それを合計したものを除数で割り，日経平均のEPSらしきものを計算します。最後に適当な株価収益率を掛ければ日経平均のファンダメンタルズに基づく価値が計算できます。

ここで注意しなければいけないのは，日経平均の1株当たり利益に相当するものを計算する際に，それぞれの企業の1株当たり利益を株価換算係数によって修正することです。50円額面換算というわかりにくい概念から株価換算係数へと名称が変わったことで，こうした換算計算をする意味がわかりやすくなりました。株価収益率は，過去の平均やレンジを使ってだいたいの値を求めます。

こうして求めた日経平均のファンダメンタル価値は，低成長銘柄も日経平均全体に歩調を合わせて同じように成長するという想定になります。

最終的にはこうして計算したファンダメンタル価値に収束していく可能

性があったとしても，それまでどのくらい時間がかかるかも，どういう経路をたどっていくかもわかりません。投機の典型的なスタイルである短期トレーディングにおいては，**いつ達成するかもわからない日経平均の最終目的地に意味はありません**。目先どう動くかが最大の関心事です。

今この瞬間にライバルたちがどう考えどういうポジションを持っていてどういうトレードをしようとしているのか，そこに神経を集中している中で，長期の目標など何の役にも立ちません。短期トレーディングで持ったポジションの利益が伸ばせる状況になって初めて，日経平均の目標値のようなものを持ち出すメリットもあるのです。

(2) 投機あっての投資

長期目的の投資家にしてみれば，投機筋が目先のおかしな動きを作り出すことは迷惑なことに違いありません。特に近年は日経平均の動きが一段とおかしくなっており，投機筋や短期筋が日経平均を近視眼的に売買することで，日経平均は意味のない乱高下を頻繁に引き起こしています。

投機筋は，回転が効いている間は寄ってたかってトレンドのようなものを作り出しますが，回転が効かなくなるとすぐに反対売買に動きます。当然ながら，短期投機筋には日経平均の長期的な水準を決める力はありません。

腰の据わらない長期投資を行うと，こうした短期投機筋の作り出す揺さぶりにまんまと振り落とされてしまいます。レバレッジを抑えて長期的な目線で日経平均を捉えていれば，むしろこうした投機勢同士の打ち合いで余分な動きが起こる局面は絶好のチャンスでもあるのです。投機筋によって日経平均がオーバーシュートするような局面は，むしろ歓迎すべきなのです。

投機筋の役割

また，短期投機筋が売買を繰り返し流動性が高まることで，長期投資家は**いつでも大量のポジションをより少ないインパクトで構築すること**ができます。夜間においても，投機筋および短期筋を相手にいつでも売買できます。日経平均先物の売買高のうち９割以上が短期筋投機筋によるものだといわれており，実需筋や長期投資家だけでは板がスカスカにしかなりません。不要な乱高下が起きにくくなる代わりにいつでも売買できるという状態ではなくなってしまいます。

この２点から，投機筋の存在は先物市場にとって生命線でもあり，必要不可欠なのです。投機筋あっての実需・長期投資なのです。

(3)　先物主導の実態

日経平均がおかしな動きをし，動いた理由が「うまく説明できない」ときに，先物主導，アルゴ，CTAというワイルドカードが頻繁に使われます。SQが近ければSQを控えて，SQが終わればSQ値，条件反射的にこの単語を繰り返す解説者はたくさんいます。

短期投機筋が９割を占める日経平均先物が時折おかしな動きをするのはむしろ自然なことです。説明できないときは，ワイルドカードに頼らず**素直に「よくわからん動き」**と言えばすむ話です。

日経平均がおかしな動きのサイクルにいったん入り，さらにうまいこと回転が効き始めると，長期投資家や実需筋が様子見に入ります。彼らが本格的に参入してくるまでは，原因もわからないうちに日経平均の水準が大きく変わってしまうのです。

ここでいう回転とは，早乗りした短期投機筋の一部が利食いに動いても，後に続いた短期投機筋がそれをうまく肩代わりし，ポジションを軽くした短期投機筋が再び参入し，一部の投機筋が長期投機筋に変わりながら，短期筋がキャッチボールをしながら順番に相場に乗っていくことをいいます。

そうした動きが１日では終わらず，数日間も続くこともあります。

風が吹いたら

日経平均がおかしな動きをした要因を分解すると，少ない長期投資家に対して短期投機筋が出入りを繰り返して長期投資家の力を押し破ったということになります。これを先物主導ということは必ずしも間違ってはいませんが，いつでも使えるあいまいな表現だと思います。

正確には，短期投機筋の動きによって日経平均の水準が変わっても長期投資家の出方が不十分で，その間に短期投機筋の回転が効き，順張り系アルゴやCTAを巻き込んでいったということになります。アルゴやCTAは流れに乗っただけですから，原因側ではなく，むしろ結果です。

一番大きな原因は，**長期投資家や実需筋の動きが鈍い地合であった**ということです。イベントを控えていたり，どう評価していいかわからない問題を抱えていたりして，長期的なファンダメンタルズ見通しを変えるかどうか長期投資家が迷いを見せていたということになります。そうした環境の中に**誰かが小石を投げ込んだら，波紋が予想以上に大きく広がった**わけです。

こうした状況に対して，ワイルドカードを使ってひとことで先物主導というのは，手を抜きすぎているのではないでしょうか。むしろ「風が吹いたら桶屋が儲かった」※ように下落していったと表現するほうが，よほど適切だと思います。

※風が吹くと砂埃がたって目に入り目の不自由な人が増える。目の不自由な人は三味線で生計を立てようとするから，三味線の胴を張る猫の皮の需要が増える。猫が減るとねずみが増え，ねずみが桶をかじるから桶屋がもうかって喜ぶということわざ。

大口出動

もちろん特定少数の大口投資家が大量に売買をして，そのポジションを投機筋が抱えきれなくなって，何かのきっかけで一斉に投げや踏みに走るというようなこともあると思います。この場合，大口の売買のタイミングと一斉に投げや踏みが出てくるタイミングには時間差があるので，日経平均が大きく動いた直接的な理由はなかなか見つかりにくいものです。板を見ていても細かく分割して発注している場合は判別することもできません。

このように大口の長期投資家が動いた場合は，**正真正銘の先物主導といえますが，実態は謎に包まれており**，また本当に大口の長期投資家が動いているケースは先物主導といわれているほどは多くなく，先物主導というワードにはあまり振り回されないようにしたほうがいいでしょう。

(4)　目先の需給と長期の成長

日経平均先物の目先の需給は，日本経済の長期的な成長とはほとんど関係ありません。日経平均先物の売買高の９割以上を占める短期投機筋は，日本経済の長期的な見通しを気にすることなくトレードしているのです。先物と現物市場および日経平均関連商品との間を高速で取引するHFTも同様です。残りの１割以下の長期投資家や実需筋だけが，日本経済と日経平均の水準について見通しを持って取引しています。

したがって，日経平均の１日の動きから将来の日経平均の予測をすることは適切ではありません。あくまでも当面の需給の流れを考える材料にしかなりません。

そのような感じで日経平均先物は動いており，先物の影響を受けて日経平均も動いているので，リアルタイムで相場解説をするのは本当に大変だと思います。もっともらしい理屈をつけなければ解説にはならないので，どうしても先物主導，アルゴ，CTAという３つのワイルドカードに頼らざるを得ないのだと思います。

今日のレンジ予想をするためには短期投機筋の動きがカギを握り，１週間のレンジ予測をするためには長期投資家や実需筋の動向も考慮しなければなりません。短期トレードをしたことのない解説者が予測する今日の日経平均のレンジはどうしても適当なものにならざるを得ません。さらに複雑な要素が加わる今週の日経平均のレンジは，ほとんど意味のないものといわざるをえないでしょう。

短期投機筋の需給に回転が効いて日経平均は頻繁にオーバーシュートします。しかしながら，長期投資家がじわじわと参入して少し時間をかけて，まあまあ正しいと思われる位置まで水準は訂正されていきます。そのような動きを繰り返しながら，長期的にはファンダメンタルズを反映した水準に到達していきます。

第３節　タペストリー理論

タペストリー理論というのは，短期トレーダーのバイブルともいえる『生き残りのディーリング』（パンローリング）を書いた矢口新氏が提唱している理論です。タペストリーとは絵や模様を縦と横の糸で織り上げた織物のことを指し，主に壁掛けに使われています。この理論は，相場の波はタペストリーのように縦糸と横糸が絡み合っているとして，投機的な動きと実需による動きを明快に説明してくれます。詳しくは矢口氏の著書を参照いただきたいのですが，ここではその骨子を，筆者なりの解釈で説明します。

相場の複雑な動きを，縦の動きと横の動きの２つに分けることで，裏にある需給をすっきりと整理することができます。

短期トレードと長期トレード

短期トレードは投機と言い換えても問題はありません。しかし，投機は短期トレードだけではありません。うまく流れに乗った投機が長期間にわたって投資と同じ需給効果を生むことがあります。タペストリー理論を説明する場合，投機と投資という区分ではなく，保有期間の違いで短期トレードと長期トレードに２分してしまったほうがよりクリアになります。ここでの説明は以下のように定義します。

短期トレード
短期投機：１日以内に手仕舞う取引。

長期トレード
長期投機：短期で入ったポジションを長期にわたって持ち越す取引。もともと長期戦前提で入った投機。
投資：ファンダメンタルズに基づいた長期投資。
実需：しばらく次の取引は行わない買い切り，売り切りの取引。新規決済は問わない。

縦の動き

相場は大小の波を形成しながら動きます。大きな波の中に小さな波が，そしてその中にもっと小さな波が形成されており，際限まで分解していくとティック単位まで行きつくマイクロな波になります。それぞれの波は縦の動きと横の動きに分解することができます。

縦の動きをわかりやすくいうと，ローソク足１本の動きです。例えば日足（ひあし）というものは１日の細かい値動きの波を**１本の縦の棒に押し込んだもの**です。この縦の棒は実体部分とヒゲの部分に分かれます。短期トレードと長期トレードがぶつかり合って１日分のローソク足を作りますが，ローソク足の実体部分を作るのが売買高の１割程度にすぎない長期トレードであり，ヒゲの部分を作るのが売買高の９割を占める短期トレードです。

あえて暴論をいうと，短期トレードは市場に余分なボラティリティーを与えており，もし短期トレードがなければ相場は長期トレードが作り出すローソク足の実体部分に収まるのです。

長期トレードの割合が高くなると実体部分の長い大陽線や大陰線となり，投資や実需があまり現れずに取引のほとんどが短期トレードであれば，十字足といって寄り引けの水準がほとんど変わらない短い実体となり，上下に長いヒゲを残したローソク足になるでしょう。もちろんこれも極論です。

ここでいいたいことは，短期トレードは買い方と売り方の打ち合いの仕方によっては**ボラティリティーを高める力はあっても，水準を変える力はない**ということです。短期トレードはレバレッジを使うことで長期トレードに比べ大きな資金を相場に投入できる代わりに，長期トレードにはあまり関係のない時間の制限があるのです。

横の動き

横の動きとは，ローソク足を何本か並べたときに見えてくる，**ローソク足のカバーする時間を超えた日経平均の水準訂正**です。時間の経過とともに生み出される新しいローソク足は，整然とした山谷を形成しながら上昇や下落を続け，日経平均の水準を変えていきます。

こうした一連の横の動きは，長期にわたってポジションを持ち続けるトレードによってのみ作ることができるのです。ファンダメンタルズに基づいた長期の投資，買い切り売り切りの実需，成功した短期トレードのうち長期間持ち越されたポジションが，相場の横の動きを作ります。

投機にはレバレッジがかかっており，**その代償として時間の制限**があり，短期間に反対売買するのが基本ですが，逆指値などを使うことによって損失を限定しながら反対売買までの時間を引き延ばすこともできます。このように，長期的に持ち越される投機のポジションも横の動きを作る要因となります。

数日間，数週間にわたって形成されるトレンドは，投資・実需・持ち越された短期トレードが絡まり合って形成されます。しかも，そのような取引は全体の１割にも満ちません。

短期トレーダーは，朝に作ったポジションはその日のうちに基本手仕舞います。彼らのポジションはゼロから始まってゼロで終わります。ザラバ（寄り付き，大引け以外の日中取引）の値動きは彼らが主導権を持って作りますが，最終的な水準を決める力は持っていないのです。その日の最終的な水準と日にちをまたいだトレンドを作るのは，翌日以降にポジションを持ち越す少数組のポジションだけです。

長期トレードは，短期トレードに比べ長い時間相場を続けることができる代わりに，相場に使える**資金量にはある程度の限界**があるという特徴があります。

相場というものは，時間に強く量に限界のある投資や実需に対し，量の投入ができるけれど時間の制約がある投機がノイズを与えることで形成されているということになります。タペストリー理論は，投機による短期トレードを縦糸に，長期トレードを横糸にたとえることで複雑に絡み合った相場を読み解く手がかりを与えてくれます。

第４節　非合理への対応

短期トレードを行う場合は，合理的に対応できる部分はなるべく合理的に考え，勘と瞬発力が必要な場面に集中するというのが正しい考え方です。

(1)　騙し合い・反応の速さ・機転・想像力

短期トレードの鉄則

短期トレードにおいては，いったん相場に向かうとじっくり考えている暇はありません。だからこそ，相場を離れている時間に入念な下準備と心と頭のリフレッシュをしておかなければなりません。損を抱えて損切りできずに徹夜するなど，もってのほかです。集中力を欠いてしまうと一瞬の判断の機会を逃し，致命的なダメージにつながる可能性があるからです。

精神のバランスが取れた状態でトレードするためには，相場に向かう時と相場を休む時のアクセントをしっかりつける必要があります。

アクセントをつけるためには，集中力が保てる間は徹底的に相場に張り付き，集中力がなくなったと思ったら損切りポイントを決めて早々に一休みする，ただこれだけです。うまく流れに乗ったポジションがもしあれば，利益を確保するルールを採用して相場を離れ，決してそのまま放置してはいけません。

機　転

日経平均先物の場合，売買高の９割以上は短期トレードです。短期トレードは縦の動きを作り出し，ボラティリティーを拡大します。短期トレードの打ち合いは，騙し合いのような状況を頻繁に作り出します。特定の大口が意図を持ってやっている場合もあれば，不特定少数の有象無象の投資家心理が重なり合って騙し合いのような動きになる場合もあります。

日経平均には指数としての脆弱性があるので，理屈を超えた理不尽な展開は頻繁に起こります。最終的には投資や買い切り売り切りの実需が流れを止めてくれますが，短期トレードに回転が効き始めると，多少の投資や実需の力では抑えきれなくなります。

このような状態になった場合は，**危ない，何かおかしい，という機転**が必要で，直観に従ってすかさず行動をとることが長い目で見れば成功につながります。

レバレッジがかかった投機の世界では，なんとなく行き過ぎ，しょせん騙しにすぎない，いずれ戻るという平和的な感覚では，流れに乗れないどころか，損を切りそこなってたった1回の判断ミスで致命的な痛手をこうむることになりかねません。

(2)　鏡と俯瞰

合理的に行う部分は，割り切って感情を入れずに淡々と行う必要があります。自動化するのがベストですが，個人投資家であれば証券会社が提供する逆指値や，トリガー注文などの特殊な発注機能を使うことで，ある程度対応できます。

自分を見る鏡

経験と勘でトレードする局面では，うまくいかないことが続くとどうしてもつい暴走しやすいものです。それを防ぐためには，自分を鏡に映すように第三者の目で見つめ直す習慣をつけなければいけません。「第三者の目で見る」という文字を大きく紙に書いて，見えるところに掛けておくだけでも効果があると思います。時間はかかりますが，慣れてくれば淡々と頭を切り替えることができるようになると思います。

戦場を俯瞰する

自分を見る鏡と同じように有効な方法が，**素のチャートを遠目で見る**ことです。高値や安値を結ぶライン，足したり引いたり割ったりした平均線の類，そうした平均線からの乖離，モーメンタムを表す指標など，いっさい余分なもののない純粋なチャートです。

いろいろな補助的なものを使い分けることで，柔軟に対応していると思いがちですが，まったく逆だと思います。むしろ**都合のいいものを探し出して，逆境に耐えるよりどころにしている**のが実態だと思います。特に高値と安値同士を引く斜めのラインはどこにでも引けるので，無意識のうちに自分の見たいように引いてしまいがちです。

ちなみに筆者は，足21本分の移動平均を使います。それ以外の補助線は使いません。これは使いやすく馴染んだものなら何でもよいでしょうが，１つに絞ることが大事だと思います。21本というのも特別な根拠があるわけでなく，**昔から使っていて馴染んでいる**というだけの話です。もちろん20本でも構いません。

重要な高値と安値を通る水平ラインは，必要だとは思いますが，わざわざ引かなくても素のチャートを遠目で見ればわかります。

トレンドや，モーメンタムも，素のチャートをよく見ればだいたいわかります。そもそも計算して使うテクニカルは設定の仕方次第で結果は変わるので，わざわざチャート上に表示するとそれに過度にこだわってしまうというバイアスのほうが大きくなってしまうと思います。

素のチャートを俯瞰して，そこで買い方と売り方がひしめき合っている戦場の様子をイメージできればそれでよいのです。とても合理的な方法とはいえませんが，これで十分想像力を働かすことができます。筆者は30年以上非合理な部分に関してはこの方法で戦ってきました。

⑶　バランスの取れたリスクとリターン

リスクとリターンは，二律背反です。リスクが少なくリターンが大きい商品や手法はありません。ないからこそ，自分が取ることができるリスクに合った商品や手法を使って，リスクに挑戦していかなければなりません。

リスクとリターンのバランスの崩れは，割高な銘柄を買うとか，大きなリスクを取ったにもかかわらずそれに見合っていない立ち回りをした場合などに起こります。

リスクの感じ方は人によって異なります。同様にリターンの予測も人によって異なります。市場における取引は，いろいろな人のリスクとリターンの考えをたった１つの価格にまとめています。理想的なのは，自分はリスクが低いと思っているのに，リスクが高いと思って高いリターンを手放す人を相手に取引することです。

しかし，市場においては相手を選べませんし，取引する価格が織り込んでいるリスクとリターンは相手が誰であろうと同じです。ということは，市場のコンセンサスとなっているリスクとリターンの組み合わせと，自分の見方が異なっているときに積極的に取引するのがよいということになります。

合理的なリスクの取り方

一発勝負であれば，買いの場合はできるだけ安く買うこと，上がる前に買うことに尽きます。１回の取引でうまくいけば引退というのであれば，この考え方が絶対的な正解となります。リスクというものは，高く買おうが安く買おうが同じだからです。

しかし，トレードは一発勝負ではありません。特に短期トレードは１日何回も取引を繰り返します。ほかにもいろいろなことを，考えなければなりません。

リスクとは，これから起こる価格変動（＝リターン）です。日経平均のリスクは日経平均オプションを見ればわかります。オプショントレーダーであれば，いろいろな限月と行使価格のオプションを見比べながら分析しますが，オプションを取引しない人は日経平均VIという指標が便利です。

日経平均VIは，今後１か月間の日経平均のリスクを年率に換算したものです。日経平均VIが高いときは，大きな変動が予想される代わりに高いリターンが望め，日経平均VIが低いときはあまり高いリターンが望めないことになります。

日経平均VIの平均的な水準は20ポイントから25ポイントです。日経平均VIの水準を合理的に短期的な投機に活用するためには，例えば日経平均VIが25ポイント以上の高いときには，リスクは大きいけれどチャンスも大きいという前提でトレードすることです。リスクを抑えるため機動的に損切りを多少繰り返しても大逆転できる可能性があるということです。

逆に日経平均VIが20ポイント以下の低いときには，リスクは小さいけれどチャンスも少ないという前提でトレードすることです。リターンが低い可能性が高いため，損切りを繰り返すと泥沼にはまる可能性が高いということです。

この考え方は，長い間同じ方針を続けることでようやく効果が出ますが，トレード回数が少ない場合は逆の結果となることがあります。

設定の低いパチスロの台でも一時的に勝てることがあるのとまったく同じ理屈です。低い設定の台で高いリターンを期待して，お金をどんどんつぎ込んでいけば，やればやるほど負けが込んでいきます。

リスクというものはリターンの散らばりなので，トレードの回数が少ない間はうまく立ち回っていたとしても結果が出ないかもしれません。適切な立ち回りをしなくても，たまたまうまくいったときにゲームから抜けてしまえば勝ち逃げすることはできます。リスクの取り方および立ち回りの仕方が適切かどうかは，**長い間生き残ってみて初めて証明される**のです。

第5節　日経平均との付き合い方

日経平均は，すでに終わりのカウントダウンが始まっていると思います。いずれなくなってしまう指数だという冷めた目で付き合うのが一番いい距離感ですが，流動性があって面白い動きをする間は割り切って付き合えばいいということです。

(1)　日経平均は単なる数字

本書の前半で説明してきたように，日経平均には指数としての一貫性はありません。225銘柄を単純平均するというところからスタートし，不具合に対しては何とか計算方法を入れ替えて数字をつないできました。昔の日経平均と今の日経平均はまったく別物であるのに数字だけはつながっており，それを多くの人が指標扱いしているので何となく連続性があるように感じているにすぎません。

そもそも指数というものは，何を表すかをしっかりと定義し，その方針を簡単に変えてはいけません。改めて振り返ると，現在の日経平均には定義に該当するものはなく，単なる「特徴」として表現されています。

日経平均株価は日本を代表する株価指数として世界中で広くご利用いただいています。算出開始から70年以上を経過し，まさに戦後日本経済の歴史を刻んできました。高い指標性は，相場動向を測る指標としてだけでなく，多くの連動金融商品でも活用いただいています。日経平均は東京証券取引所第一部に上場する225銘柄を選定し，その株価を使って算出する株価平均型の指数です。

銘柄

東京証券取引所第一部に上場する銘柄（親株式，内国株）から選定された225銘柄。ただし，ETF，REIT，優先出資証券，子会社連動配当株式などの普通株式以外を除きます。

銘柄入れ替え

指標性を維持するために毎年1回，「定期見直し」で10月初めに構成銘柄を入れ替えます（見直しの結果，入れ替え銘柄がない年もあります）。市場流動性とセクター（日経業種分類の36業種を6つに集約したもの）間のバランスにより選定します。経営再編や経営破綻などで欠員が出る場合には「臨時入れ替え」で銘柄補充し，225銘柄を維持します。

算出方法

日経平均株価は，株価換算係数で調整した構成銘柄株価の合計金額を，「除数」で割って算出します。除数は株価平均を算出する際に，市況変動によらない価格変動を調整し，連続性を維持するための値です。

起点など

算出開始は1950年9月7日（1949年5月16日まで遡及計算）。現在は東京証券取引所が開場している時間帯に５秒間隔で算出しています。

（日経平均プロフィル（https://indexes.nikkei.co.jp/nkave/index/profile?idx=nk225）より）

(2) 理屈の通用する部分

先物のサイクルである３か月程度に絞って日経平均を見れば，指数としての連続性も継続性も保たれています。短期トレーダーにとって懸念すべき材料は，ほとんどありません。

日経平均にとっての大きな問題は，**指数の脆弱性に対して広がりすぎてしまったエコシステムと歪んだ需給**にあります。需給に関しては，日経平均の動きの大元である日経平均先物を使った短期トレードの比率が極めて高いことです。彼らにとって過去の日経平均ははなから関係ありません。小気味よく動いてくれさえすれば，それで十分なのです。

エコシステム

日経平均を参照する関連商品が密接に絡み合い，エコシステムを形成しています。エコシステムとは，同じ領域に生息している生物がお互いに依存し合って生きている状態を指し，IT技術でネットワーク化した社会においてはサービスやビジネスを発展させるための必須要件とされています。

日経平均にはこのエコシステムが働いており，日経平均関連商品は，最も流動性の高い日経平均先物を基準に，ポートフォリオ理論やオプション理論に従ってほぼ理屈どおりに動いています。

エコシステムの中心部から離れた商品ほど，流動性は薄くなり，動きはだんだん理屈どおりにいかなくなっていきます。こうした中心部から離れた商品を取引する際には，理論的な計算が重要になってきます。

また，エコシステムの中心に近い商品でも，一方を買い一方を売るようなスプレッド取引を行う場合も理論的な計算が必要です。幅広く形成されたエコシステムの中にある商品を複合的に取引する場合は，理論的な裏付けを欠かすことはできません。そうした意味では，理屈が通用する部分なのです。

(3)　理屈を捨てる部分

エコシステムの中心近辺で，流動性に問題のない商品をトレードする場合は，日経平均先物の値動きさえ押さえておけば，理屈はほとんど無視できます。もちろん理屈も必要ですが，日経平均先物の需給の読みのほうがはるかに重要です。

需給の全貌は誰にもわかりません。しかしながら，**出るべくして出てくる機械的な需給**，**追い込まれた投資家の行動**，**動きの遅い投資家**の存在，多くの投資家が損切りや参入を考える**チャート上の共通ポイント**など，需給を考えるための材料はたくさんあります。そうした材料を使って需給を読むことが，短期トレードの肝となる部分です。

勝手な願望や思い込みで人よりも先走りすぎてもいけませんが，決して中位集団より下に入ってはいけません。先頭集団に入ろうと無理はせず，少なくとも下位集団に入らないようにすることが大事です。

本書を通じて何度も繰り返してきましたが，日経平均先物周りの商品の需給は人間の欲望のぶつかり合いです。今ではかなりの部分の取引をロボットが代行していますが，裏で糸を引いているのは人間です。すべてが合理的であると考えると痛い間違いを起こしますが，合理的な部分をいっさい無視してもうまくいきません。

(4)　相場観と金融工学

理屈を捨てる部分は相場観に基づく相場勘，素早い行動と言い換えることができ，理屈に基づく部分は金融工学と言い換えることができます。金融工学は，あくまでも一定の条件下でしか機能しないものです。しかしながら，条件がほとんど重なる商品同士のスプレッドを狙うには大きな力を発揮します。金融工学を将来の予測に使っても１回ごとのトレードでは効果は現れず，同じような行動を何十回も繰り返して初めて効果らしきものが少し見えてきます。金融工学で占う将来は，過去のデータの積み上げにすぎず，前提となる条件を覆す予想外の出来事が起こった場合は見事に大外れします。

金融工学は，決して万能でも何でもないのです。

実社会と金融

金融の世界で使う統計的手法は，実社会で扱う統計や確率とは少し異なります。処理や計算方法はどちらも同じですが，対象とするものの性質が異なっているからです。

実社会で使う統計的手法は，ばらつきがあるものの平均をわずかなサンプルを使って推定することが中心です。何らかの集団や集合体が実体として存在していて，そのすべてを調べることができない場合に，サンプルを抜き出し平均や平均からの散らばり具合（標準偏差）を求めます。全体を調べることができなくても，本当の平均をある程度推計することができるのです。

この手法を金融に応用する場合，過去のデータを使って未来の期待値を予測するというアプローチになります。**実社会では，存在するものの平均を推定**するのに対し，**金融の世界ではこれから起こることを推定**するという決定的な違いがあります。

実社会では平均と期待値は，ほぼ同じ意味となりますが，金融の世界では平均と期待値は区別します。金融においても過去に起こった事象は平均できますが，未来の事象は平均できないので期待値と呼んで区別します。実社会の平均はサンプルの数を増やせば推定精度は上がりますが，金融の世界ではサンプルを増やしても，必ずしも期待値の精度が上がるというわけにはいきません。

金融の世界の期待値

金融の世界で最もよく使う期待値は，予想リターンです。過去のリターンを統計的に処理して予想リターンを推計します。過去のデータがたくさんあってもそれが精度を上げるかどうかはよくわかりません。

というのも，金融の世界では前提条件が常に変わっており，前提条件の変化はリターンと密接に結びついているからです。過去と未来で前提条件がまったく変化しないというわけにはいきません。だからといって，前提条件が変わるたびに予想リターンをアップデートしてもそのとおりに実現するわけでもありません。

実社会の平均は正しい値が実際に存在するのに対して，金融の世界の期待値はあくまでも架空の計算であり，正しいかどうかも検証できません。

金融の世界では，期待値つまり期待リターンというものは，あまりあてにはならないのです。金融工学を使って日経平均の予想はできません。あくまでも**分布を使って散らばり方を示すにすぎません**。

金融工学を有効に扱うためには，前提条件がほぼ同じの２つ以上の商品や手法を比較して，期待値が高いほうを売って期待値の低いほうを買うというスプレッドにすることしか方法はありません。

HFTが確実に利益を積み上げていく秘密は，何かを売ってそれに対して何かを買って，**期待値の差を確実に積み上げている**からです。

⑸　人間トレーダー

先物を単品で勝負する場合，金融工学を使ってどんなにうまく期待値なるものを計算しても，それはほとんど役に立ちません。アルゴリズムが自ら学習しながら相場勘を作り出し，目先の上げ下げを予測しうまく立ち回って稼いでいるというのはまったくの幻想にすぎません。おそらく将来も幻想のままではないかと思います。

ネット上の言語を解析したり発表資料の重要ワードを瞬時に読み取り，売りか買いかの判断をしたりするロボットはたくさんいるでしょうが，安定して稼ぐレベルにはまだ遠いと思います。なんといっても，マーケットメーク型の高速指値出し入れHFTに勝るものはないでしょう。

マーケットメーク型以外のロボットたちは，結局お互いゼロサムの勝負をしているだけで新陳代謝を繰り返しています。人間トレーダーは，自信を持ってロボットトレーダーたちと戦うべきです。

万人が実行できる必勝法なるものは存在せず，地道に努力を続けること以外に自分の必勝法に近づくことはできません。皆様の成功をお祈りします。

〈著者紹介〉

國宗　利広（くにむね　としひろ）

30年以上にわたって日経平均トレーディング関連業務に従事。自身のトレーディング経験をブログ「トレーディングの道しるべ」（https://trading.kkujyo.com）で展開中。
著書に,『実践　日経平均トレーディング』『日経平均オプション入門』『日経平均ＶＩ入門』（いずれも中央経済社）がある。

日経平均トレーディング入門〈全面改訂版〉
指数としての特質と取引戦略

2015年４月15日　第１版第１刷発行
2020年５月30日　第１版第９刷発行
2022年４月20日　改訂版第１刷発行

著　者　國　宗　利　広
発行者　山　本　　継
発行所　㈱　中　央　経　済　社
発売元　㈱中央経済グループパブリッシング

〒101-0051　東京都千代田区神田神保町1-31-2
電話　03（3293）3371（編集代表）
03（3293）3381（営業代表）
https://www.chuokeizai.co.jp
印刷／文唱堂印刷㈱
製本／誠　製　本　㈱

＊頁の「欠落」や「順序違い」などがありましたらお取り替えいたしますので発売元までご送付ください。（送料小社負担）
ISBN978-4-502-42581-3 C3034